VENCEDORES POR DECISÃO!

Por que alguns prosperam e outros não.

Editora Senac Distrito Federal
SIA Trecho 3, Lotes 625/695,
Shopping SIA Center Mall, Loja 10
CEP 71200-030 Guará, DF |
Telefone: (61) 3313-8789 | E-mail: editora@senacdf.com.br
Site: www.editora.senacdf.com.br

Projeto Gráfico | Diagramação | Capa |
Gustavo Coelho e Bárbara Vonne

Ilustrações do Livro |
Banco de vetores larentuku ,
Gustavo Coelho e Bárbara Vonne

Texto | Zailton Miranda

Revisão de editoração |
Gustavo Coelho

Revisão de prova | Nair Ofuji

Revisão de texto |
Edelson Rodrigues

Dados Internacionais de Catalogação na Publicação (CIP)
(Brigitte Tsurue Yunoki e Melo – CRB 1ª/2587)

Miranda, Zailton.
Vencedores por decisão / Zailton Miranda – Brasília: Editora Senac - DF, 2014.

92p.:il. 16,5 x 24,0cm
ISBN Nº: 978-85-62564-44-4
Inclui Bibliografia

1. Método SoDA. 2. Planejamento pessoal. 3. Empreendedor - características. I. Título.

CDU-658.3

Zailton Miranda

VENCEDORES POR DECISÃO!

Por que alguns prosperam e outros não.

Senac

Brasília -2014

SUMÁRIO

DEDICATÓRIA

Dedico este livro aos meus filhos Bruno e Monique, que entraram em mais uma bela etapa da vida, estimulando-me a ser mais companheiro, a ter mais conversas, ideias e orientações.

PREFÁCIO

Vencedores por decisão! Um livro com o objetivo principal de oferecer uma plataforma de apoio para você executar os seus projetos e transformar sua capacidade de decisão com foco nas atitudes empreendedoras, propiciando-lhe mais ferramentas de sucesso no seu dia a dia.

Irei mostrar os caminhos de como fazer e entender a necessidade de aplicar o trinômio **Sonhar, Decidir e Agir (SoDA)** no seu dia a dia, somado às suas principais características empreendedoras, de forma muito simples e eficaz.

Muitas pessoas falam, falam e falam... Mas, na "hora H", não fazem, e, pior, nem delegam para outros executarem a sua ideia. Assim, nada acontece, e o tempo vai passando. Ao final de suas vidas, a única coisa que sobra para fazer é lamentar. Mas repare que essas pessoas já reclamam desde agora. Olhe para os lados, olhe para o espelho e identifique-as e afaste-se delas, pois elas sugam tudo de bom de você, e ainda continuam reclamando.

É reclamar, o que você quer para os últimos dias de sua vida? Comece agora, aja – faça acontecer e verá excelentes resultados no seu cotidiano. Ser um realizador com olhos na execução das atividades o fará prosperar com responsabilidade. Mas, quando você decidir agir, deverá fazer muitas escolhas, e, lembre-se, junto vem um monte de consequências. Portanto, deverá realizá-las com presteza. E as características empreendedoras serão o seu alicerce nas suas escolhas.

Quantos amigos abrem e fecham empresas constantemente, mesmo sendo extremamente capazes e criativos. Conversando com eles, percebemos que estão despreparados nos detalhes da ação; que muitas vezes delegam para os outros fazerem e fazem sem compromisso. Quando se percebe, é tarde para uma solução corretiva, porque acaba o capital financeiro.

Sonhar, Decidir e Agir é a essência deste livro, que, em conjunto com os outros capítulos, ajudará você em suas ações empreendedoras, a estimulá-lo ao mundo globalizado, aumentando a possibilidade de estar mais preparado para resolver os problemas que irão surgir, com profissões que ainda não foram criadas, com necessidades ainda não conhecidas ou mesmo novas tecnologias a serem desenvolvidas. É preciso entender a importância da necessidade de aprender a decidir corretamente para colher resultados positivos na vida.

Agir é uma das condições importantes que você terá que executar de forma estratégica. Qualquer um pode ler este ou outros livros e fazer um plano de ação estratégico lindo, perfeito. E ponto final. Executar isso todos os dias, objetivo por objetivo, meta por meta, submeta por submeta, olhando os indicadores de desempenho da sua vida, que é a essência em questão. No Capítulo 1, você terá o pleno entendimento de como sonhar, decidir e agir. Do Capítulo 2 em diante, serão informadas as principais características de um empreendedor: comunicação e ética, autoestima e autoconfiança, capacidade para assumir e calcular riscos, qualidade e liderança, capacidade para implementar mudança e inovação e para realizar planejamento, e também o alicerce da melhoria contínua, para que cada vez mais você eleve a sua satisfação ou a das pessoas envolvidas, tornando-se mais resiliente e dinâmico, e mais vivo para a vida.

Quando tiver terminado de ler este livro, vai entender como criar um plano de ação para sua vida com ações empreendedoras, e esse conhecimento aplicado à prática lhe proporcionará uma vantagem competitiva para a sua vida cotidiana. Aja, coloque em prática! Procure sempre adquirir novos conhecimentos. Lembre-se de que você está vivo para aprender, crescer e contribuir.

Uma ótima leitura!

AGRADECIMENTOS

Agradeço à querida mãe, que nos guia todos os dias, e que amo de todo o meu coração, pois me orientou constantemente a alcançar essa publicação. Sei que continuará me ajudando a conquistar novos objetivos.

Agradeço a toda a minha família, que sempre vem somando força e acreditando nas minhas incontáveis maluquices.

Quero agradecer imensamente à Editora SENAC/DF, por confiar em mim e por acreditar no meu trabalho, em especial à Bete Bhering, ao Gustavo Coelho, à Nair Ofuji, à Bárbara Vonne ao Luis Vizin e à toda a equipe.

Agradeço também a todos que usaram de seu tempo para dividir comigo seus conhecimentos e suas experiências, que resultaram em apoio nas minhas iniciativas educacionais. Sem me esquecer dos preciosos gênios do *marketing*: Elcio Pablo, Zanete Miranda, Luiza de Marilac, Bruno Miranda, Monique Miranda, Adriana Carvalho, Rosinei Ribeiro, Ricardo Alves, Regina Horta, Maurício Delamaro, Messias Borges, Carla Marques, Antonio Soares e Antonio Ravan, que contribuíram muito com suas críticas. Vou fazer um tributo especial para Élcio Pablo e Antonio Ravanque, que reforçaram este trabalho com *insights* importantes na reta final.

Finalmente, este livro foi motivado pelo desejo de entender o processo empreendedor. E poder contribuir com algo significativo a todos que desejam alcançar sua felicidade, seja ela qual for.

CAPÍTULO 1

Aprimore o seu sucesso com o método SoDA

"Você faz as suas escolhas, e as suas escolhas fazem você".

Um promissor coordenador de tecnologia que trabalha em uma fábrica, que iremos chamá-lo, neste livro, de João, lamentava sobre sua permanência em seu setor. Sentado ao lado de um amigo que o escutava com muita atenção, já tarde da noite, exausto, reclamava o seguinte:

— Faço tudo que me pedem, coordeno um grupo com oito pessoas, com facilidade, coloco a impressora para funcionar neste departamento, em outro, tiro um vírus aqui e outro ali, até no PABX faço consertos. Eu e a minha equipe fizemos a troca do provedor de *link*, por ser mais barato, montamos o nosso próprio servidor de *e-mails*, avisamos a todos sobre todas as mudanças e ainda reduzimos nosso custo em 22%. E fiquei sabendo que o novo diretor, que mal chegou à empresa, está descontente comigo e querendo me trocar. Só pode ser mentira! Junto com minha equipe, sempre, faço manutenção em tudo.

Era um mês de muita expansão na fábrica, que estava com um volume de vendas muito expressivo. O coordenador não se atentou para o ato de que essas mudanças, ora pretendidas, foram malfeitas e realizadas em um período impróprio. Houve muitos problemas na recepção e no envio de mensagens de e-mail. Todos reclamaram muito. O coordenador não deixou de atender ninguém. Todos que ligavam, ele prontamente solucionava seus problemas.

Fazia isso sempre de forma reativa. Ele não percebia a necessidade de programar as mudanças, mostrar a todos o que poderia dar errado, ter um plano de retorno em caso crítico e também ter a autorização de todos os líderes para fazer nesse momento ou agendar outro período. Mudanças são essenciais, mas precisam ser muito bem planejadas com todos.

Assim, os gerentes e diretores reclamavam:

— Meu *e-mail* não funciona!

— O cliente não recebeu minha proposta!

— Disparei um *e-mail* para todos os representantes, mas ninguém recebeu! O que faço?

Foi um festival de reclamações durante duas semanas, um tempo muito grande. E, para solucionar o problema definitivamente, contratou uma consultoria de tecnologia, que o apoiou em todas as configurações erradas que estavam nos servidores. Tudo isso gerava vários transtornos, principalmente entre a equipe de vendas e o *marketing* da fábrica, foco principal do diretor.

A consultoria adotou os cinco passos da metodologia abaixo, para solucionar os problemas. Explicou ao João que ele precisava:

1. Entender de fato o que estava acontecendo;
2. Identificar a causa raiz do problema;
3. Elaborar um plano rápido e eficaz para solucioná-lo;
4. Executar o plano até a solução total do problema;
5. Monitorar o plano constantemente.

A consultoria também informou ao João que é muito importante fazer todos os cinco itens; fazer apenas dois ou três itens não resolverá a situação.

Algumas semanas depois, o diretor o despediu, alegando que tais mudanças, que não foram bem planejadas, poderiam até fechar a unidade.

Essa é uma história real e que acontece em vários lugares onde o profissional fica estagnado ou acomodado, e não percebe que a empresa está em fase de evolução e crescimento.

João achava que, como era muito bem relacionado, conversava com todos e brincava com todo mundo, teria esse emprego para sempre. Ele se dedicava de corpo e alma à empresa, mas se esqueceu de evoluir profissionalmente, de se especializar, para poder cada vez mais ampliar seus conhecimentos e não deixar que o tempo o dominasse por falta de planejamento.

A cada dia você precisa aumentar sua capacidade de planejar. E isso se faz com mais conhecimento e capacitação.

Fazer algo acontecer de forma satisfatória passa por estágios que são: ter um objetivo definido, decidir como ele será realizado e agir para a realização desse objetivo.

Podemos dizer que, tanto profissionalmente como em nossa vida pessoal, ter a capacidade de **Sonhar, Decidir e Agir** fará uma diferença enorme no resultado final do que nos propomos a realizar. No momento em que o profissional começar a sonhar e a criar objetivos, olhará para o futuro, e então poderá iniciar suas ações e o planejamento para a sua carreira, para a sua vida.

A maioria dos profissionais de gestão acredita ser o planejamento estratégico uma ferramenta importante para a direção dos negócios ou da sua vida pessoal. Então, com o auxilio dessa ferramenta, pode-se programar para capacitar, viajar, trabalhar, viver mais com seus filhos, com a família etc. Dessa forma estará aperfeiçoando o seu potencial a cada dia. Deixar a vida o levar é saudável apenas para o lazer. Para o crescimento da sua vida pessoal ou profissional, é fundamental que as suas ações estejam estruturadas através dessa maravilhosa ferramenta que é o planejamento.

Todas as empresas têm profissionais inteligentes, talentosos e com visões inspiradoras, mas que muitas vezes estão ofuscados, por estarem em lugares errados, empenhados em algo que não os motiva mais, por falta de conhecimentos em gestão ou falta de perspectiva de crescimento profissional.

Todo profissional deve entender que precisa gerar resultados novos e positivos o tempo todo, afinal, ele faz uma troca por isso. Aumentar seus conhecimentos e saber executar são necessidades de extrema importância para a sobrevivência no mercado de trabalho.

Qualquer mudança em um serviço, se não for bem planejada, estruturada e amparada, pode gerar enormes prejuízos, consome energia desnecessária e implica insatisfação, principalmente nos clientes afetados.

O planejamento de mudança de procedimentos precisa estar alinhado com os líderes da organização e integrar a estratégia da empresa, envolvendo os objetivos e as metas. Se você não sonha ou não objetiva algo que gere resultados positivos, irá decidir e agir reativamente, e todos os seus esforços como líder poderão ter um resultado mediano ou inferior à sua capacidade. Ninguém faz planos para que o resultado seja medíocre; pelo contrário, a mediocridade é resultado da ausência de planos.

Se você faz bem o seu serviço, sempre certinho e da mesma forma, todos os dias, está sendo mediano em seu trabalho. Irá fazer isso o resto da vida. O grande desafio para um profissional é criar e inovar com formas que acelerem seu trabalho, que o transformem e que o renovem no dia a dia, deixando-o com mais tempo livre para ser mais produtivo.

Sonhar, Decidir e Agir (ser SoDA) são ações importantes para que a execução de seus objetivos seja correta e consciente. Só assim você saberá como fazer acontecer, e fazendo acontecer terá resultados expressivos, alcançando seus objetivos com mais flexibilidade e rapidez.

Quando uso o verbo "sonhar", quero ir além do significado comum usado pela maioria das pessoas. Entendo que é também olhar ao redor e ver aquilo que ninguém viu ou identificar uma solução para um problema.

Depois, **decidir** o que precisa ser feito para que esse "sonho" aconteça, ou seja, estruturar esse sonho; e, por último, **agir**, hoje, para que consiga realizá-lo de fato. Busque recursos e conhecimentos e faça acontecer.

Grandes organizações atualmente procuram profissionais que saibam sonhar, decidir e agir. Muitas vezes, você é um excelente profissional e altamente qualificado, e mesmo com poderes no seu departamento, ocasionalmente fica emperrado, porque tem dúvidas se pode ou não executar, ou seja, não decide, pois tem medo de agir. Assim, o resultado não acontece.

Veja que é cíclico: você sonha, estrutura o seu sonho na fase decidir e age de acordo com o que definiu. Sempre desta forma: sonhar, decidir e agir.

Vamos ver, separadamente, como sonhar, decidir e agir no nosso ambiente, que, em conjunto com as características empreendedoras, podem resultar em ações empreendedoras para serem aplicadas em todas as suas atividades diárias.

A importância de sonhar, decidir e agir

Como você vai alcançar os resultados pretendidos?

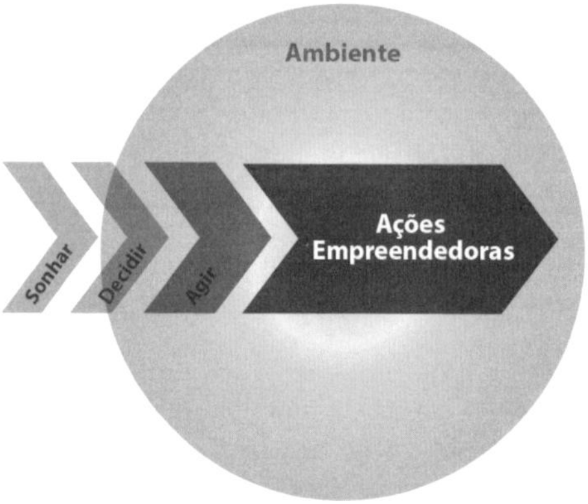

Para conseguir alcançar seus objetivos, você precisa colocar em ação tudo o que planejou. Incluir o que é aprendido e o que vai aprender para essa execução. E nunca desistir do seu propósito de vida – a persistência, nessa etapa, é fundamental.

Vou contar uma história que dizem ter ocorrido nos Estados Unidos, mas você identificará casos muito semelhantes também ao seu redor. Segue um breve resumo:

Um jovem americano filho de um domador de cavalos tinha uma vida muito pobre e difícil, mesmo assim, havia uma vontade muito grande de estudar. Sua vida era muito dura: trabalhava o dia todo e à noite corria para a escola, em busca de novos conhecimentos.

Certo dia, na escola em que estudava, o professor pediu para todos os alunos escreverem, em uma folha de papel, o seu sonho, o que desejavam para suas vidas no futuro.

Esse jovem, entusiasmado, com muita energia, escreveu cinco folhas – frente e verso –, e nessas folhas registrou que desejava comprar uma fazenda com 100 hectares e construir uma grande e confortável casa com 500 metros de área construída, uma piscina natural, com água corrente, um estábulo para aproximadamente 50 cavalos, um pomar, uma área de lazer para seus futuros filhos, pois ansiava ter uma família muito feliz e bem estruturada. Estava muito empolgado com seu sonho que, além de escrever as cinco folhas, também fez inúmeros desenhos, projetando onde e como ficaria cada ambiente, tudo bem definido e detalhado. Entregou ao professor, com muito orgulho, todo o seu sonho, e aguardou, nos próximos dias, ansioso, os elogios de seu professor referente ao trabalho.

Mas, na semana seguinte, o trabalho foi devolvido, e ele obteve uma nota muito baixa, que o deixou desanimado. Então o professor lhe disse, ao final da aula e em particular:

— Meu filho, você precisa ter os pés no chão. Sendo um filho de domador de cavalos e com baixo rendimento, não terás condições de realizar esse sonho, ele é muito incoerente para você. Portanto, dar-lhe-ei outra oportunidade, para escrever outro sonho mais real, e então poderei melhorar a sua nota.

O aluno foi para casa muito triste e desanimado, e contou tudo o que ocorrera ao seu pai. Depois de ouvi-lo, sempre sereno, o pai disse ao seu filho, com muita firmeza:

— Esse é o seu sonho, meu filho! Se for o que você realmente quer, faça dele o seu desejo e busque arduamente a conquista dele, e não deixe que ninguém o tire de você.

O garoto foi tomar banho e depois de lanchar foi se deitar. Nesse momento, aproveitou e ficou pensando em tudo o que aconteceu.

No dia seguinte, foi até o professor e lhe disse:

— Professor, eu prefiro ficar com a nota ruim a trocar o sonho da minha vida.

Enfim, dizem que essa história foi contada, para várias crianças, pelo dono da fazenda com 120 hectares, com sua enorme casa, com o pomar, com a piscina, com o estábulo para 50 cavalos e principalmente com sua família muito feliz e estruturada. Tudo foi construído próximo de um colégio muito famoso na cidade de Salt Lake City, nos Estados Unidos, onde o proprietário permite que as crianças pobres passeiem nos finais de semana.

Inclusive, nesses finais de semana, o proprietário da fazenda revela que é o jovem que tirou a nota ruim, mas que nunca desistiu do seu sonho.

Você pode não acreditar, mas o professor que deu a nota ruim para o jovem, constantemente, visita com seus alunos essa fazenda especial. Até que um dia, o dono da fazenda se apresentou ao professor e disse-lhe quem ele era. Surpreso, o professor confessou:

— Meus parabéns! Quando você era jovem, eu passava por alguns problemas na minha vida pessoal, e com isso acabei tirando os sonhos de muitas crianças. Fui um tremendo egoísta. Mas fico muito feliz que você foi forte, persistente e conseguiu realizar o seu sonho. Parabéns mais uma vez, porque, através do seu sonho, você faz o bem para muitas crianças.

É um belo exemplo de persistência. O dono da fazenda sonhou, decidiu e agiu sem deixar de acreditar o tempo todo. Principalmente porque usou o dinheiro que tem em suas mãos com serenidade e tornou-o um instrumento para o bem. A grande dica é: sonhe com algo que resolva algum problema de um departamento, de um grupo de pessoas ou de uma comunidade, assim, terá resultados extraordinários.

A partir de agora, você verá um método que, se colocar em ação, o ajudará e o apoiará muito a alcançar seus sonhos e objetivos. Mas é importante, caso ainda não tenha feito isso, que modifique sua forma de pensar, para estabelecer objetivos que de fato lhe darão prazer em realizá-los.

Pense diferente, mude seu *mindset*

Mindset é a nossa forma de pensar. É a forma de como vemos, compreendemos e pensamos sobre as coisas em nossa volta, que orientam as nossas ações cotidianas, principalmente no mundo dos negócios. O grande desafio das empresas que buscam melhores resultados é apostar na mudança da forma de pensar e agir de seus colaboradores, fazendo-os pensar de forma diferente, para avaliar suas ações e poderem superar ou criar novos desafios atraentes.

Pense em ter um *mindset* que o ajude a superar seus limites. E comece a agir assim já na concepção do seu sonho, mudando a sua forma de pensar. Leão anda com leão e ratinho anda com ratinho, não é assim?

Se a sua mente pensar pequeno, automaticamente seus sonhos serão pequenos, e você irá se envolver com pessoas que pensam pequeno. Dessa forma, poderá ter medo, não se arriscará e ficará sempre desmotivado. Imagine a situação:

— Sabe, estou pensando em abrir uma loja no *shopping*, o que acha?

— Se eu fosse você, não abriria. O aluguel é caro, o condomínio é um horror, tem que ser loja chique, e custa muito caro...

Nós todos temos uma dose de dúvidas que precisamos não deixar aflorar. E quando tentamos tirar essas dúvidas com pessoas pequenas, pessimistas, ou com os "zecas pimenteiras" (que fingem ser nossos amigos, mas querem apenas nos sugar), essas pessoas possuem uma capacidade de inserir mais pontos negativos do que positivos e nos deixam cada vez mais para baixo.

Em vez de **analisar** todos os pontos de vista, para abrir seu negócio no shopping, você fecha sua mente por causa das opiniões dadas pelos supostos amigos. Por aí vai a conversa do negativo, que só lhe trará pontos negativos, para desanimá-lo, porque ele não tem coragem de pensar como você ou porque terá inveja do seu sucesso. Assim, se começar o negócio, iniciará com medo, e nada dará certo. Ficará com tanto medo de perder, que acabará perdendo.

O engraçado é que todos dizem que querem ser ricos, mas quando se trata de correr riscos, muitos desanimam imediatamente, e nem fazem uma analise correta da situação.

Agora, se pensar "grande", por exemplo: quero ter vinte casas para alugar, e se conseguir alcançar dez casas, ficará muito feliz também. Calibre sua mente para pensar e agir sempre "grande", pois terá o mesmo trabalho, e se o resultado chegar perto do que sonhou já será extraordinário. A persistência é fundamental, e se não desistir, irá alcançar todos os seus objetivos.

Agora, procure não pensar mais assim: "Como eu faço para não perder mais clientes?". Se você pensar em **não perder**, estimulará seu cérebro a pensar em ações negativas.

Mude para: "Como eu faço para ganhar mais clientes?". Dessa forma, você põe seu cérebro a pensar sobre isso de forma positiva, o que lhe trará ações que irão produzir resultados positivos.

Vencer significa crescer positivamente na vida procurando a resposta certa em busca da felicidade. É jogar sempre para triunfar na vida, sem preguiça, sem medo e com muita garra e determinação.

Outro exemplo para você parar de pensar de forma negativa: "Não posso comprar esse carro! É muito caro".

Mude para: "Como posso comprar esse carro?".

E coloque seu cérebro para trabalhar e buscar soluções para que você consiga tal desejo. Ao pensar assim, você abre as possibilidades, fortalece a mente e dinamiza seu espírito para conquistar o seu sonho.

A sua capacidade de pensar é única e extraordinária! Analise suas peculiaridades e procure algo que você sinta vontade de fazer a toda hora, assim a execução ficará mais fácil.

Agora, não use arrogância para esconder sua ignorância nos assuntos que desconhece. Em caso de dúvidas, procure um especialista para sua orientação e estude muito. Mantenha sempre a humildade, sem ser subserviente, para poder crescer e alcançar seu sonho. Geralmente ser arrogante o fará perder dinheiro, amigos, negócios...

Portanto, mude sua forma de pensar e tenha atitudes concretas em busca de seus sonhos, e não deixe que ninguém o roube de você. Tenha pensamentos positivos em tudo na sua vida. Utilize o método que será apresentado a partir de agora e desperte o empreendedor que existe em você.

Sonhar. Um olhar para o futuro!

Não basta apenas sonhar, mas é o primeiro passo para uma execução bem feita. Bill Gates (Microsoft), Steve Jobs (Apple), Larry Page e Sergey Brin (Google), Mark Zuckerberg (Facebook), MA Huateng (Tencent) etc., são exemplos de pessoas que sonharam, e sonharam com os olhos bem abertos. Essas pessoas são exemplos de que você também pode sonhar "alto". São modelos de empreendedores tecnológicos. Agora eu o convido a refletir: olhe a sua volta e verá muitos que também sonharam e estão satisfeitos com a realização de seus sonhos, e bem perto de você. Uns desenvolveram mais que outros, e mesmo assim estão todos a caminho da realização e da satisfação.

Você é tão grande quanto o seu sonho. E está cheio de desejos. Possivelmente, tem uma lista grande para fazer nos próximos anos. Agora, pense: como você estará daqui a seis anos? ou a dez anos? Você tem essa resposta? Se sim, parabéns! Existe uma grande chance de estar executando um planejamento e está pronto para a fase 2 (Decidir), indo para a fase 3 (Agir). Agora é apenas seguir seu plano de ação passo a passo, dia a dia, até que conquiste, no prazo – ou, se possível, antes do prazo –, os seus sonhos. Isso é ser empreendedor, é alcançar o seu objetivo assumindo todos os seus riscos, gerando algo novo, com valor para você ou para alguma comunidade.

Porém, se você não tem a resposta, leia atentamente este livro e coloque em prática todas as três fases (Sonhar, Decidir e Agir). É importante você não perder a vontade de sonhar. É necessário que desperte essa força extraordinária que existe no seu interior. A partir do Capítulo 2, você terá doze características que irão complementar e sustentar suas ações empreendedoras.

Primeiramente, para iniciar o seu sonho, precisa fazer seu autoconhecimento. Precisa se encontrar, precisa ter respostas para estas três perguntas muito importantes para sua vida:

— Quem sou eu?

— Para qual finalidade estou aqui?

— Para onde vou?

Pergunte-se várias vezes. Tem que ser pessoal, e ninguém pode ajudá-lo nesse momento. É muito importante ter essas respostas, e precisam ser suas, porque irão orientá-lo em toda a sua vida. Elas iniciam sua mudança de vida estática para uma vida alegre, dinâmica, comprometida e realizadora. E assim você estará encontrando o seu legado nesta vida finita. Para ajudar a responder, escreva em um papel todas as suas qualidades, de um lado, e todos os seus defeitos, do outro lado. Em seguida, analise-os. Esse exercício poderá ajudá-lo; e, dessa forma, você estará apto a conhecer as suas vantagens competitivas pessoais, o que fará a diferença em sua vida, pois saberá internamente quais qualidades poderão ajudá-lo a criar e a desenvolver na sua vida pessoal ou profissional.

Respondendo as perguntas, estará identificando o seu propósito de vida e também estará entendendo como assumir e ter o controle de todas as suas ações cotidianas. Saberá por que você está aqui, por que precisa fazer diferente. Lembre-se que precisa aprender, crescer e contribuir sempre com todos. Então, definindo seu sonho, poderá ser a diferença que faz diferença.

Nesse momento, não importa de onde você vem ou o que está fazendo. O que importa é saber para onde quer ir. Essas três questões, quando respondidas, lhe darão o caminho a ser seguido.

Para ajudar a identificar melhor suas características positivas, pergunte-se: "O que eu sei fazer muito bem? O que eu tenho prazer em fazer?". Pense se o que você quer ser daqui a seis anos está correlacionado com suas características positivas. Se estiver, facilitará muito na sua vida, pois terá mais determinação e prazer em realizar seus objetivos.

E lembre-se do que Steve Jobs falou: *"A simplicidade é o máximo da sofisticação"*. Seu sonho não precisa ser complicado, mas é importante que ajude a resolver problemas e que você tenha alegria na execução.

Portanto, é preciso determinação, e não ficar com desculpas do tipo: "Não consigo sonhar, como vou saber para onde vou?", "Não sei se estou na direção certa.", "Não consigo ter foco". Enquanto você está reclamando, outros estão agindo. E você está ficando cada vez mais para trás. Abílio Diniz já dizia: "enquanto alguns sonham com o sucesso... nós acordamos cedo para fazê-lo". E quando você sonhar e for para a fase 2 (Decidir) estará acordando cedo para agir com mais motivação, mais confiança, porque saberá o caminho a trilhar.

Tem que sonhar, decidir e agir já! Ninguém pode parar o tempo para que realize o seu sonho. E o que você está fazendo agora é importante e refletirá na sua vida hoje e principalmente amanhã. Uma vida extraordinária é simplesmente a totalização de vários esforços, dezenas de esforços ou até mesmo centenas de esforços realizados diariamente, e muitas vezes esses esforços nem são reconhecidos. Portanto, não fique só explicando; faça acontecer assim mesmo, para ter resultados surpreendentes no futuro. Quando não se esforça, geralmente dá uma desculpa para enganar a sua falta de ação. Dessa forma, terá que continuar a mentir e a sustentar a mentira para sempre; e quando descobrirem,- você ficará em uma situação indesejável e espalhará desconfiança.

Procure, a partir de agora, não mentir mais para disfarçar uma atividade não realizada. Caso não a concretize, informe. Tenho certeza de que se sentirá melhor a cada dia, pois estará, assim, realizando as ações que conduzam ao seu sonho. E sua família, seus amigos e seus colegas de trabalho também irão perceber que você está mudando, ou mudou, para ser uma pessoa melhor. Então, sem desculpas, com o sonho definido, esteja comprometido na estruturação – na fase Decidir – para tornar mais simples as suas atividades. Dessa forma, com as estratégias definidas, ficará com os olhos no futuro e poderá eliminar situações que o fazem perder tempo hoje, no presente.

Decidir. Estruture a sua escada da vida!

Não basta só sonhar; é preciso realizar o sonho. Muitas pessoas têm uma dificuldade muito grande em tomar decisões pessoais na vida; muitas vezes, até escolher uma simples viagem para a família vira um tormento. E se isso acontece na vida pessoal, imagine, então, quando precisar tomar decisões no universo empresarial. Frequentemente, podemos observar muitos gestores adiando decisões, em vez de enfrentar o problema logo que este aparece. Quando isso acontece, vai chegar um momento em que essa decisão ocasionará um transtorno muito grande, podendo até ocasionar prejuízos. Exemplo: um empresário recebeu uma proposta de desconto de 30%, desde que comprasse 40% a mais no mês atual; o proprietário, com medo da dívida futura e sem a certeza da venda, resolveu comprar apenas a quantidade que normalmente adquire. Mas seu concorrente analisou a mesma proposta e comprou a mais, com o desconto ofertado. Em seguida, fez uma propaganda ofertando 20% de desconto para pagamentos à vista, gerando um volume a mais nos negócios e também com margem melhor.

Ter medo, não calcular os riscos e querer ficar na zona de conforto podem ter deixado o primeiro empresário com dúvidas na decisão, levando-o, então, a não arriscar. Tomar decisões firmes, rápidas e claras no seu negócio ou na vida é uma importante característica da liderança, sendo fundamental para aproveitar as oportunidades. Assim, fica claro que, quanto mais cedo pudermos ser treinados e educados para tomar decisões firmes, mais bem preparados estaremos para exercer as atividades empresariais.

Quando você começar a tomar decisão, poderá realizar muitas coisas. Mas é preciso decidir realmente, para alcançar seus objetivos. Você pode tomar uma decisão agora, neste momento. Por exemplo: almejar uma promoção. E as suas decisões podem resultar tanto em momentos difíceis quanto em oportunidades incríveis. Para evitar possíveis problemas, comece estruturando a sua decisão como verá neste capítulo; assim, poderá evitar ao máximo os possíveis problemas e fortificará as suas decisões.

Robert Wong, em uma palestra, disse que *"a escola deve desenvolver os potenciais dos alunos com foco na imaginação e na criatividade"*, mas alertou que de nada adianta ter criatividade sem espírito empreendedor. O brasileiro tem muita iniciativa, mas falta "acabativa", brincou, afirmando que poucas pessoas realmente concretizam suas ideias.

E concordo plenamente com ele. Temos que educar nossos filhos para decidirem rápido, para fazer as coisas acontecerem positivamente. O que leva você a realizar seus sonhos são as suas escolhas, e suas escolhas revelam quem você é realmente. E quanto mais cedo eu, você ou os alunos aprendermos ou formos estimulados a decidir corretamente, estruturando os sonhos, melhor será para as nossas vidas. Estimular esse desejo de sonhar, decidir e agir nas crianças, o mais cedo possível, ajudará a termos resultados mais efetivos para a nossa sociedade. É importante adotar um método que estimule uma ação para que você possa assumir de imediato o controle da sua vida. E a melhor maneira de tomar as melhores decisões é tomar muitas decisões. Assim estará aprendendo com cada decisão e irá aperfeiçoar cada vez mais.

Para estimular a tal "acabativa" em você, procure adotar o método SoDA e pôr em prática as três fases: **So**nhar, **D**ecidir e **A**gir (SoDA).

Dica para educadores: um caminho para estimular a decisão nos alunos do Ensino Fundamental I e II é desenvolver essas três fases através do projeto "Jogo do Empreendedor"[1], que estimula, com abrangência e de forma lúdica, o empreendedorismo e a educação financeira. Nessa etapa escolar, a criança precisa continuar sendo criança, e aprender brincando é fundamental. O projeto, além de reforçar novos conceitos, é praticado com várias dinâmicas nele informadas. Exemplo: o sonho coletivo explicado a seguir:

1. Definir um sonho coletivo da classe:
2. Exemplo: Em quatro meses, vamos todos ao Parque X.
3. Quebrar esse sonho em metas, dividindo para toda a sala a sua execução, em equipes de três ou quatro alunos:

1 Mais informações sobre o projeto em: http://www.jogodoempreendedor.com.br

Meta 1: Um grupo ficará responsável pelas autorizações dos pais.

Meta 2: Grupo 2 irá produzir brigadeiros para vender no bairro próximo da escola, com acompanhamento do professor Y na semana X.

Meta 3: Grupo 3 buscará parcerias com comerciantes, para ajudar nas despesas de viagem, no turno oposto, na semana Z.

Enfim, criar quantas metas forem necessárias para que o sonho seja alcançado, e é muito importante dividir a execução entre os alunos. O professor deverá, em conjunto com os alunos, colocar datas para a realização final de cada meta, acompanhando a execução de cada etapa, para que no final do quarto mês tenha condição de levá-los ao parque desejado.

Como estamos falando de um sonho coletivo e com prazo curto, essas crianças terão a possibilidade de entender as três fases importantes: **S**onhar, **D**ecidir e **A**gir em busca do resultado, para realizar um sonho, e com a repetição passarão a entender como fazer para a sua vida pessoal ou profissional num futuro próximo.

O professor estará ajudando o aluno a ser criativo, a tomar decisões, a olhar para o futuro e a interagir com os outros e consigo mesmo, para que ele seja não melhor que o outro, mas o melhor de si mesmo para alcançar os seus próprios sonhos. Essa atividade pode ser realizada com os filhos ou com os alunos de qualquer tipo de instituição.

Em muitos casos, quando sonhamos, estamos sendo criativos, porque estamos tendo ideias. Essas ideias, por enquanto, estão apenas na sua imaginação. Poderão vir a se tornar projetos interessantes e muito bonitos, mas ainda estão apenas na sua cabeça. E de nada adiantam essas ideias em sua cabeça, se você não as colocar em prática, decidindo com estrutura e agindo agora. Precisa tornar essa ideia algo tangível, como foi feito nas ideias a seguir: lâmpada, lápis, internet, telefone, avião, coração artificial, estrutura do DNA, antibióticos, entre outras.

Quando você tem uma ideia e a põe em prática, começa a concretizar o seu sonho, e na medida em que vai decidindo a estrutura da sua ideia e agindo em seguida, está criando uma inovação a partir da criatividade que pode ter sido gerada pelo seu sonho. Precisa, então, a tal "acabativa", conforme o Sr. Wong afirma, pois só a criatividade nada resolve. Para estimular a sua criatividade, um dos caminhos é você apenas observar uma necessidade ou um problema de alguém. Quanto mais pessoas essa necessidade ou esse problema afeta diretamente, melhores será o resultado, porque estará beneficiando mais pessoas. Procure ser rápido nas decisões e empreenda para desenvolver essa ideia e torná-la real o mais breve possível.

Um gerente, professor, coordenador, diretor, empreendedor... só será admirado e terá liderança se souber decidir mais vezes corretamente. Quanto melhor forem as suas decisões, melhores serão os seus resultados. Agora preciso de uma decisão sua.

Escolha: Você quer estar em sintonia com a carência ou com a abundância? Se decidir pela carência, reflita, reflita muito e tente mudar, para buscar uma vida melhor. E se decidiu pela abundância, estará também assumindo suas responsabilidades, que precisam ser realizadas, e sempre o mais rápido que puder. Lembre-se que o tempo não para.

Aja sempre o mais rápido possível, para se transformar em realizador. Isso é o que todos esperam de você. Dessa forma, estará maximizando seu potencial e espalhando alegria, sucesso, realização e satisfação. E todos em sua volta estarão cada vez mais somando forças nas suas atitudes. Sendo assim, amplie seus horizontes e decida fazer coisas magníficas com seus amigos de trabalho, com sua família, com a sua comunidade, para sua cidade, para o Brasil ou para o mundo.

Quando decidir, analise sempre todas as circunstâncias. Use o "se": se eu fizer assim... acontece isso; e se eu fizer desse outro jeito, acontecerá aquilo. Procure entender e avaliar todas as possibilidades e se preparar para elas, para não ter surpresas.

É importante decidir sempre com a cabeça fria, nunca em estado emocional alterado. Utilize sempre os "3 Ps" (paciência, prudência e perseverança) nas suas decisões. Tenha paciência com as coisas ou pessoas, tome as suas decisões com muita prudência e persevere em suas ações, para nunca desistir. Dessa forma, terá resultados positivos em sua vida, ficando mais resiliente para aumentar a sua qualidade de vida e satisfação pessoal. E aproveite cada vez mais os momentos da decisão, e faça-o com qualidade, porque as verdadeiras decisões são fundamentais para poder transformar nossos objetivos em realidade.

Decidir significa resolver, determinar, concluir... E como fazer isso na empresa, nos negócios, na escola, na família, na vida? Lembre-se sempre das três fases: **So**nhar, **D**ecidir e **A**gir. Assim, realizando seus sonhos, estará se tornando empreendedor. E as ações de um empreendedor podem ocorrer em qualquer lugar, para uma comunidade, para a família, na empresa,... Portanto, como já dissemos, empreendedor é um incansável sonhador que age para alcançar o seu objetivo, assumindo todos os seus riscos, gerando algo novo, com valor para você ou para alguma comunidade.

Você pode utilizar o **"Método do Objetivo Ambicionado"**, que funciona assim:

1. faça o seu mapa conforme desenho abaixo, incluindo as suas três respostas da fase sonhar;
2. determine todos os seus objetivos de curto, médio e longo prazo para que possa realizar o seu sonho;
3. desdobre os objetivos em várias metas e submetas;
4. coloque nos objetivos, nas metas e nas submetas prazos de início e de conclusão;
5. determine um indicador de desempenho[2] para os objetivos, metas e submetas.

A figura abaixo mostra, com mais detalhes, como você poderá realizar o seu plano:

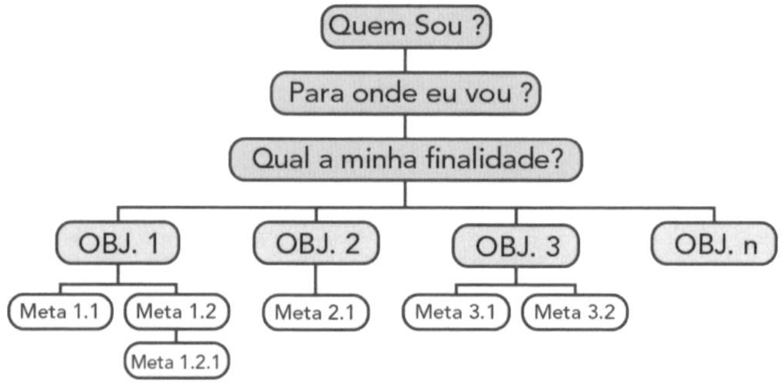

2 Indicador de desempenho – é um índice de monitoramento de algo que é mensurável. Essa ferramenta nos permite manter, mudar ou cancelar o rumo de nossas ações em nossos objetivos e metas, identificando se estamos realizando ou não.

Ou seja, defina claramente as três repostas das perguntas, caso ainda não tenha feito isso, e crie os seus objetivos a serem executados para atingir o "para onde vou?", baseado na pergunta "Qual a minha finalidade?". Você estará, assim, olhando para o futuro e o preparando agora.

Para que cada objetivo seja conquistado, você terá de quebrá-lo em várias metas e submetas, conforme desenho acima. Lembre-se que os objetivos, as metas e as submetas precisam ter: data inicial, data final e indicador de desempenho,para você medir o quanto já realizou.

Quando você realizar de baixo para cima todas as submetas, as metas e os objetivos, conquistará seu desejo final, o seu sonho. Lembrando que em planejamento pessoal o responsável pela realização é você.

Entre todos os seus objetivos, escolha um que será o principal, aquele que o motivará o tempo todo para alcançar, e, ao realizar, você irá fazer um golaço de placa na sua vida. Depois, escreva-o em vários lugares, para que olhe para esse objetivo todas as vezes que achar necessário, e faça pelo menos duas ou três ações diárias para realizar esse objetivo principal. Essas ações são muito importantes e precisam ser feitas.

Fazendo uma analogia, ter objetivos na vida e traçar metas para alcançá-los é como se guiar com o Google Maps: você irá do ponto A para o ponto B na menor distância e com o menor tempo. Porque você terá um rumo, uma rota, e saberá para onde está indo.

Exemplo: um jovem médico recém-formado, já com emprego em uma clínica particular.

Quem sou? – Médico recém-formado, com emprego atual na Doctor S.A.

Qual a minha finalidade? – Medicar as pessoas que me procuram ou por força das circunstâncias as encontre, para manter sua vida saudável.

Para onde vou? – Realizar um doutorado em genética, aos 35 anos, no exterior.

Com as três perguntas definidas, todos os objetivos e metas devem ser escritos com ações que alcancem esses desejos.

Objetivo 1 – Fazer um doutorado em Genética, aos 35 anos, para aumentar minha capacidade de medicar.

Meta 1.1 – Poupar U$ 300,00 todo mês.

Data inicial: jan/2011, Data final: jan/2014.

Indicador de desempenho: moeda em espécie guardada no cofre.

Meta 1.2 – Fazer pré-projeto e enviar para aceitação no doutorado

Data inicial: hoje, Data final: maio/2013.

Indicador de desempenho: documento em PDF do pré-projeto.

Meta 1.3 – Qualificar-se no doutorado.

Data inicial: hoje, Data final: out/2013.

Indicador de desempenho: documento de aceite na universidade.

Meta 1.4 – Buscar apoio financeiro na Doctor S.A. ou bolsa de estudo na universidade.

Data início: out/2013, Data Final: até a primeira mensalidade.

Indicador de desempenho: conquista de uma instituição financeira.

Obs.: Escreva metas e submetas necessárias para que você as realize; não crie algo que você não tenha condição de realizar.

Objetivo 2 – Trocar de carro em até 1,5 ano.

Meta 2.1 – Poupar R$ 800,00 todo mês.

Data inicial: fev/2011, Data final: jul/2012.

Indicador de desempenho: comprovante de depósito da poupança.

Meta 2.2 – Procurar concessionária para realizar a troca em jun/2012.

Data inicial: 01/06/12, Data final: 30/06/12.

Indicador de desempenho: carro novo.

Obs.: Você irá criar objetivos nas suas condições econômicas e pessoais.

Objetivo 3 – Matricular meu filho em uma escola de inglês quando ele completar oito anos de idade.

Meta 3.1 – Procurar uma escola até out/2012, para inicio em mar/2013.

Objetivo 4 - ...

Você pode criar quantos objetivos quiser. E quanto mais estimulante eles forem, mais estimulante será a sua vida e, por consequência, você terá mais vontade no dia a dia para conquistá-los.

Pode ser qualquer coisa, depende de você. Pode ser estar empregado em três meses, viajar para o exterior, fazer faculdade no próximo ano, montar o primeiro negócio em oito meses, comprar o carro X, fazer uma cirurgia plástica, enfim, seja você e não copie ninguém, faça as coisas com o seu desejo e conforme sua capacidade. Estruture o seu sonho e corra atrás.

Lembre-se: o indicador de desempenho tem o papel de apenas ajudá-lo a identificar se está realizando ou não dentro do prazo que você decidiu. Você não tem que ficar olhando para o indicador ou para a meta, mas, sim, para os meios necessários que precisa agir para poder alcançar a sua meta.

Por exemplo, se um de seus objetivos é perder cinco quilos em dois meses, então, **precisa agir** todos os dias conforme projetou nas suas metas, e não ficar olhando para a meta e pensar: "Preciso perder cinco quilos... preciso perder cinco quilos...", e não agir.

Então, correr atrás não é ficar olhando para o seu planejamento. Você tem que agir todos os dias em busca do seu objetivo principal.

Acostume-se a estabelecer objetivos em sua vida e criar planos de ação para atingi-los e perceberá um choque positivo na sua vida. Os objetivos servem como ponto de referência no seu mapa, e este detalha, através das metas e das submetas, uma sequência lógica para sua realização passo a passo. É como se estivesse escrevendo as ações que você precisa fazer, degrau por degrau, dessa escada da vida, que irá subir no dia a dia.

Os objetivos precisam ser estimulantes, verdadeiros e mensuráveis. Crie objetivos que o estimulem a buscá-los em um determinado tempo com muito entusiasmo; deixe esse entusiasmo contaminá-lo todos os dias.

Os objetivos e as metas precisam ser por escrito e abranger todas as áreas de sua vida. Crie o seu mapa de visão com muita confiança, porque, primeiramente, você tem que acreditar que é capaz de alcança-lo. Isso o deixará mais forte e determinado para atingir, até o final da data estipulada, os objetivos desejados. Acompanhe diariamente seu mapa, para que fique cada vez mais integrado com seu planejamento e também para avaliar o seu desempenho através dos indicadores. O fato de acompanhar todos os dias o ajudará a mentalizar o que quer. Assim, você não irá pensar mais nas coisas que não deseja, e, automaticamente, estará colocando seu cérebro para pensar sempre no lado positivo em busca do seu objetivo. Portanto, faça o seu planejamento, conforme explicado acima, e aja sempre pensando nas coisas positivas, e nunca mais nas negativas.

A vida se transforma constantemente, e isso acontece com a gente também. Portanto, seja capaz de mudar, ajustar ou moldar o seu plano de ação conforme achar necessário. E é muito importante que, ao conquistar os objetivos definidos, você comemore, depois crie outros imediatamente, conforme o seu desejo. Não pense em criar seus objetivos para ser bom... Pense em criá-los para ser o melhor!

Uma dica: crie também objetivos de curto prazo, para você ter resultados imediatos. Por exemplo: passar no vestibular no final do ano, acumular um determinado valor, até o final do ano, para viajar para outro estado. Isso o deixará estimulado, devido aos resultados alcançados com mais rapidez, e fará com que entenda o funcionamento de forma bem clara. Seja sempre realista ao criar os objetivos de sua vida.

Lembra-se do João do início do capítulo. Ele era um superexecutor que se contentava em apenas resolver os problemas de forma reativa, e isso ele fazia muito bem. Mas não tinha um plano de ação elaborado em prol de sua vida e de seu emprego. E isso o deixou parado no tempo, sem se desenvolver, e também deixou seu departamento em desequilíbrio com o crescimento da empresa. Ele perdeu, assim, a oportunidade da solução definitiva desses problemas e de poder demonstrar a sua capacidade de se tornar um colaborador melhor e mais estimado.

O seu mapa de visão (ou plano de ação) criado será o mapa de realização do seu planejamento – como um mapa do tesouro. E você terá que cumprir todas as etapas dentro do prazo, para poder transformar seu sonho em realidade e alcançar seus objetivos.

Lembre-se: no seu mapa de visão você precisa ter equilíbrio com objetivos para você, para a família, para o negócio e para a parte espiritual. Você precisa, inicialmente, harmonizar esses quatro pilares para construir o seu equilíbrio pessoal e buscar uma vida realizada, com muito sucesso e felicidade. Entenda que a felicidade é o resultado das suas execuções pessoais.

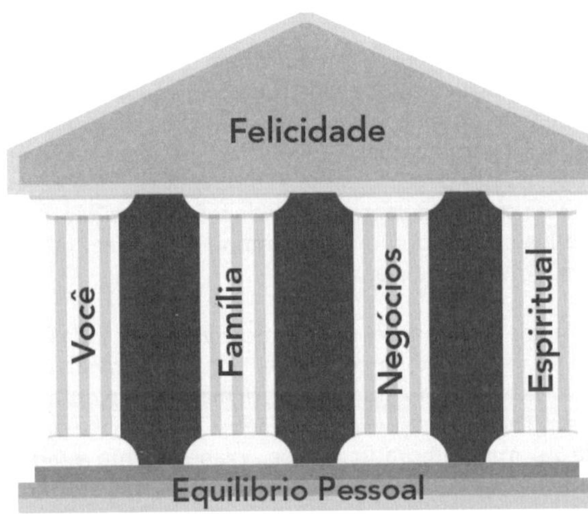

Quando cria um mapa de visão da sua vida e o coloca por escrito, você está sendo eficiente; e à medida que o vai executando, meta por meta, até a realização dos objetivos, estará sendo eficaz. É muito importante criar objetivos altamente eficientes, que exijam de você, na execução, a eficácia na sua vida profissional ou pessoal.

Quando você define um mapa de visão, deve criar algo em especial, com um alvo bem definido, para que olhe e vá direto à sua direção, até realizá-lo. O comprometimento para realizar esse objetivo é o seu entusiasmo, a automotivação, a autoconfiança, junto com a persistência. Seja sempre proativo diante das dificuldades, assuma as responsabilidades pelo desempenho do objetivo e aja rapidamente, mas desenvolva esses objetivos pautados na sigla SMART, que é a abreviação de cinco palavras que ajudará a escrever melhor os objetivos:

Seu objetivo e suas metas precisam ser **SMART:**

eSpecíficos – evite objetivos/metas generalistas;

Mensuráveis – você só pode medir seu sucesso se puder medir sua evolução;

Atingíveis – os objetivos/metas devem ser possíveis de ser alcançados;

Realista – para se sentir motivado e desafiado, é essencial que o objetivo seja, para você, muito importante e dentro da sua realidade;

Temporais – todos os objetivos/metas devem ter um prazo estabelecido para sua concretização.

Exemplo de um objetivo SMART:

Objetivo01: Fazer uma especialização em Genética, na Universidade A, em jan./2015.

Então, é importante olhar para seu mapa de visão o tempo todo, para medir se você está cumprindo com o que escreveu para sua vida. Caso esteja atrasado, acelere o passo. Execute, aja! Lembre-se de que é de você que estamos falando. Faça as coisas acontecerem. Dê, todos os dias, um passo na direção do que decidiu e planejou.

Acredite sempre nos seus sonhos, decida e constantemente vá verificando o que está funcionando e o que não está. O alvo sempre muda de lugar. Caso seja necessário, mude o enfoque, até que consiga alcançar o que deseja, e descarte aquilo que não está funcionando. É preciso que você faça a sua parte, dia a dia, através da execução das metas do mapa de visão. E tenha sempre certeza, sempre com pensamentos positivos e com suas ações diárias estruturadas, de que terá resultados surpreendentes. Então, empenhe-se com muita ação, muito esforço e muita dedicação, porque o momento é agora.

Agir. O momento é agora!

Agora você vai exercer uma ação direta em tudo que está no seu mapa de visão, levando em conta as datas estabelecidas e os indicadores de desempenho. Como no exemplo acima do mapa de visão, o médico tem ações de curto, médio e também de longo prazo para executar, ou seja, tem que, a partir do próximo mês, comprar e poupar U$ 300,00 e R$ 800,00 respectivamente, e o indicador de desempenho são as notas em espécie e os recibos de depósito realizados todo mês, dentro do prazo estipulado. Portanto, ele tem ações que precisa fazer a partir de agora: em médio prazo, precisa procurar uma escola de inglês para seu filho e uma concessionária para a troca do seu carro, mas isso ele só vai fazer quando chegar a data planejada; em longo prazo, a etapa do estudo no exterior. Mas observe que ele precisa agir desde já. Os empreendedores não apenas possuem grandes sonhos, mas correm atrás deles.

Muitas pessoas sabem o que é preciso fazer, mas são poucas as que realmente fazem o que precisa ser feito. Saber o que precisa fazer não é o suficiente. Pense assim: vou agir hoje, agora!

João, o coordenador do início do capítulo, que foi demitido, é um coordenador que não sabia agir de forma proativa. É importante agir, mas de maneira planejada. A princípio, João teve as melhores ideias, das quais todo diretor iria gostar, pois ele reduziu o custo do departamento em 22%. Mas observem que agiu de forma incorreta.

João não conseguiu entender por que, depois de tudo que tinha realizado, ainda acabou sendo demitido. Vamos relembrar:

Suas vantagens:

- executava tudo que lhe pediam;
- era muito educado com todo mundo;
- estava sempre pronto, com sua equipe, para resolver os problemas ocorridos;
- fez papel de líder;
- não tinha medo de mudanças.

Suas desvantagens:

- não tinha testado as mudanças antes de aplicá-las, mudou logo na produção;
- não se preocupou em ter um plano de retorno caso alguma coisa desse errado;
- não considerou o momento de crescimento da empresa;
- demorou na solução definitiva dos problemas ocasionados;
- não era proativo – fazia tudo, mas somente depois da existência do problema;
- não fez análise de impacto do setor analisando o crescimento da empresa;
- pouco conhecimento de gestão, entre outros.

O fato de ser muito calmo e solícito o fez permanecer na função durante esses últimos tempos, mas com a chegada do novo diretor, cujo foco era o resultado, os seus pontos fracos foram fundamentais para sua saída. João não gerenciou todos os detalhes antes e depois da mudança; deixou essa importante etapa de gerenciar para seus colaboradores diretos. Como coordenador, ele deveria gerenciar todo o processo – do qual todos os detalhes são muito importantes – do começo ao fim.

Pela análise do diretor, avaliando João pelos padrões da capacidade, ele fazia as coisas certas, mas atrasado. E pelos padrões da administração, faltou João analisar os detalhes de suas ações constantemente, para aumentar a sua capacidade. A lacuna que se abriu entre as ações do João e suas metas ficou muito grande, pois ele perdia mais tempo corrigindo essas ações do que para fazer o seu departamento apoiar o crescimento da empresa. Assim, o diretor achou necessário substituí-lo por um coordenador com sólidos conhecimentos em gestão; afinal de contas, ele também seria cobrado na sua nova gestão e precisava garantir o apoio desse setor. O diretor também justificou que João precisava medir a satisfação de seus clientes internos e interagir mais diretamente com seus colaboradores, perguntando constantemente o quê, como, por que... Afinal, eles devem agir conforme as orientações de João, e João deveria agir em prol do crescimento da empresa. Isso faltou em sua competência também. Faltou, após os testes, verificar com todos se estava tudo certo.

Uma dica é perguntar para seus clientes – sejam internos ou externos – que nota dariam para seu serviço ou produto. E se for menor que dez, faça outra pergunta: O que devo fazer para chegar à nota 10? Assim, estará melhorando a sua execução e a satisfação dos seus clientes com você.

João deveria saber que executar também é:

- ter processo de discussão dos "comos" e "porquês";
- gerar questionamentos;
- ter ações diárias;
- tomar decisões corretas e assegurar que todos os envolvidos tenham suas metas;
- ter indicadores de desempenho;
- ter prazo para iniciar e finalizar;
- fazer perguntas certas na hora certa.

Assim, todos saberiam agir com suas responsabilidades totalmente definidas no que foi discutido e acordado. E todos só teriam a ganhar com isso, principalmente o João.

Não é fácil manter uma cultura de execução o tempo todo, mas agir é fazer acontecer a todo momento. Essa é a principal tarefa do líder. Alguém precisa estar constantemente de olho no plano, para que este não tenha desvios, nem na ação, ocasionando a falta de resultados. O líder precisa estar 100% envolvido. Acabou o "eu mando e vocês fazem". O líder, se for preciso, deve orientar e fazer também. Imagine se o Zé Roberto (atual técnico da seleção brasileira de voleibol feminino – único técnico no mundo campeão olímpico com as seleções masculina e feminina, também único tricampeão olímpico do esporte brasileiro) ficasse em uma sala com ar condicionado apenas realizando os serviços burocráticos, como, por exemplo, cuidar da hospedagem do time na próxima temporada ou cuidar da alimentação, porque participarão de jogos na China e na Índia, entre outras, e delegasse aos seus colaboradores a etapa de treinar uma a uma, dentro da quadra. Zé Roberto jamais iria conhecer as dificuldades de cada atleta e teria problema para corrigir os erros de posicionamento ou para escalar a seleção. E, com certeza, não conquistaria toda a glória na liga mundial. Apenas o líder tem a capacidade de estabelecer a comunicação correta na organização e não pode se esquecer de gerenciar atentamente o plano de ação com as pessoas, as estratégias e também as operações. João precisava ser líder e precisava gerenciar com envolvimento, andar pela organização, por exemplo, porque assim iria conhecer os detalhes, saber avaliar se essa ou aquela atividade estava sendo feito de modo certo ou errado, conhecer os processos e então conseguir extrair informações importantes, que ajudariam em suas análises, para poder decidir corretamente, gerando uma sinergia com seus colaboradores, e não os deixando ficar desinformados de tudo na organização.

O João poderia ser um intraempreendedor com muita maestria, se deixasse de apenas resolver os problemas e delegasse essa tarefa para sua equipe, sempre acompanhando os detalhes dos resultados e somando com os seus conhecimentos do negócio, com suas habilidades. Com certeza teria mais tempo para gerar produtos de sucesso na organização. João não seria demitido, não precisaria sair da empresa e poderia vivenciar emoções, riscos, prejuízos ou lucros, transformando as necessidades dos setores em novos produtos, por exemplo. O intraempreendedor consegue fazer isso no próprio local de trabalho, dividindo os riscos e sucessos com a diretoria.

Conheça algumas características de um colaborador empreendedor:

- ter visão global da empresa, não olhar apenas o seu departamento, mas a empresa como um todo;
- ter capacidade de gerar ideias e executá-las do início ao fim;
- ser proativo e antecipar-se ao problema, executar ações antes mesmo de ser solicitado, mas sabendo da sua necessidade;
- ser paciente, perseverante e persistente, mas com ação;
- ter capacidade de encontrar saídas para os obstáculos que aparecem com facilidade.

Lembre-se de que seu sonho precisa ter começo, meio e fim. Você verá que, quando começar a agir, começará a degustar o seu sonho, perceberá que essas ações passo a passo são muito mais gostosas do que possa imaginar. Você vai perceber que está fazendo tudo como planejou, etapa por etapa. Isso irá deixá-lo mais forte e mais estruturado para decidir. Terá mais vontade nas coisas que você executa diariamente, e isso o afastará daqueles que não acreditaram em seu sonho, dos negativos, dos "zecas pimenteiras", porque eles irão ver sua realização e perceberão também que você acreditou, superando todas as dificuldades.

Agir faz toda a diferença no mundo atual. Agir não é fazer as coisas reativas. É delegar, coordenar e gerenciar atentamente. Consequentemente, será proativo. Não adianta apenas falar; é preciso fazer! É como em um filme, em que o diretor explica como os atores precisam fazer e, se não entenderem, ele vai lá e atua, para mostrar como ele quer que seja feito. Execute já, faça já.

Reforçando o mapa mental

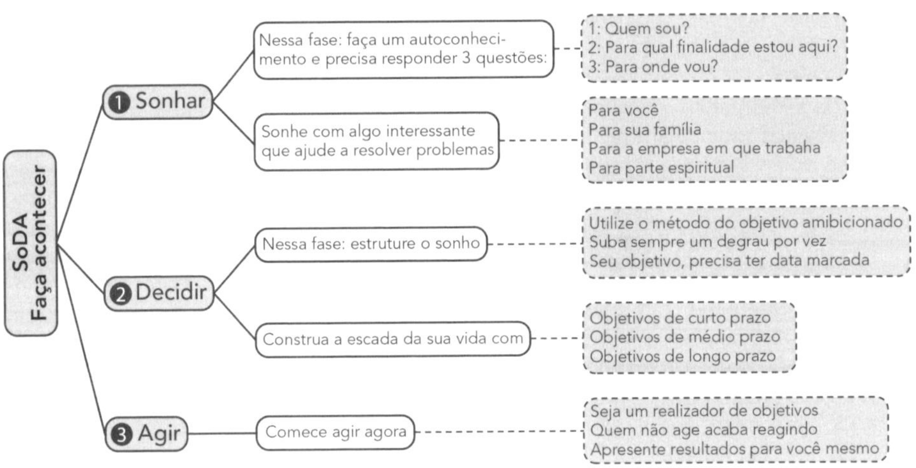

CAPÍTULO 2

Doze características positivas para manter o seu sucesso

"As dificuldades são oportunidades para as grandes realizações".

O desenvolvimento das características empreendedoras, que veremos a seguir, é extremamente importante para propiciar a sua competitividade e também proporcionar a sua permanência no mercado.

Adotando o método SoDA – ferramenta importante, que o ajudará a alcançar o seu sonho –, e com as características a seguir, você estimulará a sua capacidade de antecipar aos fatos, enxergar novas oportunidades, não ter medo de agir, não temer os obstáculos, assumir riscos e responder por eles, enfim, são instrumentos que deverão ser usados no seu dia a dia. Dessa forma, você será mais eficaz em sua vida pessoal e profissional.

É muito importante que você procure, a cada dia, ser mais eficaz em sua vida, em tudo o que faz. Desenvolva todos os dias, nas suas atividades, as características positivas, e não se preocupe com o que as outras pessoas vão dizer. Por exemplo:

— Você não ganha para fazer isso.

— Deixe de ser puxa saco.

— Ah! Vamos passear e depois você faz.

Seja eficaz, porque assim terá resultados impressionantes. Os empresários ou os industriais precisam de colaboradores que solucionem problemas, e não que traga mais problemas para eles. Se você é um que falta ao trabalho com constância e avisa em cima da hora, faz o serviço sem vontade, não agiliza o seu serviço, não cumpre as metas, demora na execução, não cria novos negócios etc., estará com os dias contados ou ficará estagnado no mesmo setor por anos, e – o pior – ganhando a mesma coisa.

Acorde! Você tem capacidade de se superar a cada dia. Utilize a sua inteligência e desempenhe cada vez mais o melhor de si, pois ganhará muito com isso no decorrer do tempo.

Quem não age acaba reagindo, e nem sempre essa é a melhor situação. Portanto, foque nas coisas positivas e aja diariamente em busca de seus objetivos. Tenha o desejo de aprender todos os dias e acredite determinadamente na realização dos seus objetivos. Ninguém disse que será fácil, mas quando estiver determinado e utilizando um método, mesmo parecendo trabalhoso, precisará fazer, a cada dia, um pouco do seu planejamento, aproximando-se, com as pequenas vitórias, do objetivo principal. E de pouco em pouco, quando menos perceber... zooom! Estará alcançando o seu sonho, o seu objetivo principal.

É muito importante buscar novos conhecimentos. Não basta somente acreditar; é preciso aprender sempre, todos os dias. E o mais importante é aplicar esses novos conceitos em suas atividades diárias.

Não sei qual é a sua situação ou que posição ocupa na organização em que trabalha, nem mesmo sei dizer se está satisfeito, mas de uma coisa tenho certeza: a sua dedicação, a busca de novos conhecimentos e mais a sua experiência trarão, com essa totalização de esforços, resultados surpreendentes, que poderão ajudá-lo nas suas atividades.

Não seja um colaborador desanimado, sem vontade de crescer na empresa ou que fica só lamentando pelos cantos. Se estiver comprometido e adotar um modelo para apoiar as suas decisões, economizará tempo e energia, ganhando novos caminhos para buscar momentos fantásticos e, assim, alterar seu estado de espírito, potencializando ainda mais a sua energia.

Decida sempre em ter vontade e energia para executar suas atividades e utilize as doze características empreendedoras, que verá a seguir, para que possa ampliar a sua capacidade intelectual e seu espírito empreendedor, para fazer dar o melhor de si todos os dias e colher resultados dignos de sua capacidade.

Característica 1: Ética. Vale a pena ser ético?

Atualmente, no Brasil, vários moralizadores defendem que a ética é a solução para todos os problemas que enfrentamos. Acontece que, na prática, muitos deles são os primeiros a desonrá-la. É através do "jeitinho brasileiro", um favorzinho aqui e outro ali, etc., que acabamos nos envolvendo e não a praticamos. É preciso mesmo que todos pratiquemos a ética, e não somente serjamos ótimos oradores; é necessário que todos tenhamos coragem e demos exemplos saudáveis o tempo todo, para mudar ao nosso redor. São esses exemplos que tornarão a ética uma prática cada vez mais ampla e benéfica.

Então, o que é ética? Ética é aquela situação em que todo mundo sabe diferenciar o que é certo e o que é errado, mas poucos acabam fazendo apenas o certo... Segundo o dicionário Aurélio, Ética é *"o estudo dos juízos de apreciação que se referem à conduta humana susceptível de qualificação do ponto de vista do bem e do mal, seja relativamente à determinada sociedade, seja de modo absoluto"*. Pela formação das palavras, ética vem do grego *"ethos"*, e tem seu correlato no latim *"morale"*, com o mesmo significado: conduta, ou relativo aos costumes. Ou seja, ética é uma conduta eficiente se todos a praticarem todo o tempo. O engraçado é que alguns dizem que praticam, outros fazem mais ou menos, mas ninguém pratica com rigor...

Alguns dias atrás, ouvi alguém falar que não há possibilidade de vida social sem que haja o esquecimento dos princípios éticos. Será? Será que não podemos mudar nossa atitude? Analise os exemplos corriqueiros a seguir:

— *Não, ele não está aqui!* Assim que ele chegar peço pra te ligar. Tá? – Quem já não deu essa mentirinha ao telefone?

— *Pode marcar, pois irei, com certeza!* – Para ser educado, muitas vezes você promete já sabendo que não poderá ir.

— *A mercadoria já está no Brasil.* Assim que o despachante liberar, a primeira remessa será sua! – Muitas vezes a mercadoria ainda nem chegou no Brasil, e você conta uma mentirinha para segurar o negócio.

— *Ah! O telefone dele só dá caixa postal!* – Para justificar que está ligando para o cliente, e na verdade esqueceu-se de ligar.

Não pense que é fácil mudar isso em você. É difícil! Mas é você quem decide suas ações... Será que a verdade não vai predominar? E depois que a mentira for descoberta, você poderá perder um amigo, um cliente... Será que vale o risco?

Atualmente, ser ético não é mais uma opção; é uma questão de sobrevivência. É impossível conviver em uma sociedade, comunidade ou em uma organização sem o mínimo de uma estrutura ética. É necessário ter e aplicar os valores, princípios, limites, respeito ao próximo... É imprescindível que, em suas decisões, você utilize essa estrutura para ter a capacidade de avaliar e decidir corretamente as suas ações.

Pudemos acompanhar, no noticiário brasileiro, um exemplo de um excelente empreendedor que se envolveu com uma série de deputados, senadores, dirigentes importantes e se esqueceu totalmente da ética. Só pensava em conseguir muitos recursos financeiros através de fraudes em licitações. Um empreendedor sem ética pode até ganhar muito dinheiro, mas está fadado ao fracasso. E se tudo vier à tona, as portas vão se fechando a cada dia, e se desmancha do dia para a noite.

Nas empresas, independentemente de seu tamanho, estão introduzindo códigos de ética envolvendo todos os funcionários. Na verdade, estão escrevendo um código de leis, porque ética não se escreve. Ela inspira, é um farol, é um caminho para que nós possamos estar alinhados para fazermos a coisa certa no momento certo. E o resultado de tudo isso é a sensação de paz, de conquista, satisfação... Então, vamos utilizar as leis com os nossos princípios e valores verdadeiros para direcionar as nossas ações. A verdade, por mais que machuque, é melhor que a mentira, pois a mentira o acalmará por dias ou semanas, e a verdade o acalmará para sempre.

Nos negócios, a ética dá muito lucro. Isso porque as pessoas compram das empresas produtos confiáveis, e se você mentir sobre as características desses produtos, para conquistar um cliente com um preço menor, alterando as especificações dos produtos, terá esse cliente por pouco tempo. Os tempos estão mudando!

Vocês lembram-se do João, nosso colaborador que foi demitido. Ele poderia, como gestor, ser ético na empresa, com os seguintes comportamentos:

- analisar e prover *feedback* verdadeiro para todos em relação às suas decisões – principalmente em relação às mudanças;
- dar informações com conteúdo relevante aos envolvidos;
- estar aberto para a contribuição criativa de todos, e não ficar sozinho em suas decisões e ensinamentos;
- recompensar os seus subordinados;
- elogiar e valorizar seus colaboradores;
- gerar meios de comunicação corretos e coerentes.

Essas práticas transformam o ambiente de trabalho, porque todos ficam motivados, devido às relações verdadeiras que se fundem no dia a dia. Assim, agrega-se um aprendizado contínuo, em que todos realizam função colaborativa – eu ensino, mas aprendo. Isso gera, com o tempo, uma relação de valor e respeito, tornando a equipe mais forte e integrada.

Como estamos falando de ética, não poderíamos deixar de citar, entre outros, Aristóteles e Platão, para tonificar a necessidade da ética em nossa vida.

Platão: Foi filósofo e matemático da Grécia antiga, discípulo de Sócrates, fundador da Academia e mestre de Aristóteles. A sua filosofia é de uma grande importância e influência. A Academia logo adquiriu prestígio, e a ela iam inúmeros jovens, em busca de educação, e até mesmo homens ilustres, a fim de discutir ideias. Platão desenvolveu a noção de que o homem está em contato permanente com dois tipos de realidade: a inteligível e a sensível. Inteligível é a realidade inabalável, igual a si mesma. Sensível são todas as coisas que nos afetam os sentidos, são realidades dependentes e variáveis.

Platão dedicou-se a vários domínios da investigação: ética, política, metafísica e teoria do conhecimento.

Aristóteles: Filósofo grego, nasceu em Estagira, colônia de origem jônica encravada no reino da Macedônia. Foi aluno de Platão e valorizava a inteligência humana. Seus pensamentos filosóficos têm influências expressivas na educação e no pensamento ocidental contemporâneo. Suas obras influenciaram também a teologia medieval da cristandade. É considerado um dos maiores pensadores de todos os tempos.

Principais domínios de investigação: lógica, física, biologia e política.

A filosofia, mais precisamente a ética – parte da filosofia que estuda as ações humanas e os seus fundamentos –, pode nos ajudar a pensar/decidir sobre a nossa própria vida, seja pessoal, financeira, espiritual ou familiar. Constantemente, estamos sendo obrigados a decidir o tempo todo, e já sabemos que seremos melhores se acertarmos o máximo possível de nossas decisões. Então, como fazer?

Aristóteles foi o primeiro a pensar em ética, e em suas aulas fazia sempre análise do agir humano que abalizou o modo de pensar ocidental. Aristóteles ensinava que todo conhecimento e trabalho tende a algum bem, e esse bem é a finalidade de toda ação.

Aristóteles, em suas aulas, perguntava: "Qual é o mais alto de todos os bens que se podem alcançar pela ação?". E obteve como resposta, em percentagem maior: a felicidade. Mas quando se discutia o que é a felicidade, as respostas eram das mais variadas possíveis, ou seja, a felicidade de um é diferente da felicidade do outro. E percebeu que os valores que sustentam as nossas ações em busca do ser feliz eram advindos de nossos relacionamentos, da educação escolar e dos campos espiritual e familiar.

Somos capazes de planejar nossas ações, e podemos ser éticos para isso.

Veja algumas situações abaixo, apenas como ilustração, e analise:

Atualmente, as famílias estão muito nervosas e com brigas constantes dentro da casa, devido a muitos fatores: dinheiro, trabalho, falsas amizades, ciúmes, desconfianças, fofocas etc. Muitas vezes há desrespeito entre o casal, até chegar a um momento em que ocorre a separação. E como não se respeitavam durante o casamento, na separação o relacionamento vira um pandemônio só, ocasionando muita briga. Briga pelo patrimônio, pelo dinheiro e até pelos filhos. E, nesses casos, para os casais que têm filhos, acaba mesmo sobrando para estes, pois, muitas vezes, percebem que a briga não é por eles, e sim por causa da pensão alimentícia ou por causa da infelicidade que a outra parte terá se ficar sem o filho. Aí partem para a separação litigiosa.

Além da falta de ética do casal, nesses casos, junta a de alguns advogados, profissionais que deveriam usar a ética, e não aproveitar da situação do cliente, que já este está com muita raiva e sem condições de decisões favoráveis, principalmente com respeito aos filhos. Já ouvi muitos advogados dizerem: "Quanto mais nervoso ou apavorado o cliente chegar, mais caro irá ficar". Seria muito interessante esses profissionais não compactuarem com esse momento crítico pelo qual o cliente passa, levando-o a agir de forma irracional. Seria muito importante que esse profissional orientasse seu cliente a agir com racionalidade, e não por vingança; mas ele acaba orientando o contrário, devido à falta de ética ou por interesse próprio.

Em outra situação, um advogado recém-formado, com aproximadamente 50 anos de idade, para garantir talvez sua sobrevivência, orienta seu cliente a processar o genro. Nesse caso, genro há mais de dez anos, morador e trabalhador na mesma cidade, honesto e tendo uma união feliz com a filha do outro, que tentou inúmeras vezes solucionar o pequeno impasse que havia com o sogro, mas este ignorou. O advogado, mediante os fatos, poderia ter sido ético e orientado melhor seu cliente para uma solução amigável, em vez de simplesmente partir direto para um processo judicial, sem que houvesse uma conversa com o genro. Como solução, o advogado poderia intermediar, através de uma conversa com as duas partes, um possível entendimento, e não partir para uma situação que complicaria o relacionamento familiar devido ao processo.

Outro caso: professores. Quantas vezes já ouvi professor dizer que não ganha bem, e por isso o mínimo de sua aula é muito... "Por que ensinar essa prática para os alunos, se não ganharei mais por isso?". Assim, cada vez mais teremos cidadãos com dificuldades de encarar os novos desafios neste mundo cada vez mais complexo e dinâmico.

Colaboradores de empresa: "Por que vou me esforçar em melhorar o processo da organização, se o gerente não vai reconhecer o esforço?". Como não vai? Ele esquece que, se o empresário ganhar, ele também vai ganhar, e de várias formas: estabilidade no emprego, felicidade no trabalho, porque a empresa está estruturada, aumento de salário com mais facilidade, aumento de benefícios, e outros, porque, se o empresário cresce, o colaborador cresce junto. Muitas vezes o colaborador quer ganhar mais que o empresário, e se esquece do quanto esse empresário já investiu para que sua empresa esteja solidificada nesse momento. Colaboradores precisam somar forças com toda a equipe e pensar em um todo, e não apenas no seu bolso.

Licitação: conversando com empresários que participam de licitação em órgãos governamentais, ouvi inúmeras vezes que fazem acordo com funcionários públicos para entregar uma quantidade menor do que consta na nota fiscal, e assim os dois "racham" a diferença.

Outro caso: profissionais que buscam um cargo melhor em uma empresa, que utilizam de meios escusos para se sobressair aos demais companheiros.

Em todos os casos acima, as pessoas precisam usar a razão e agir com ética, para que possamos viver com mais equilíbrio. É parar de olhar para o próprio umbigo e pensar no coletivo. O que seria do nosso futebol, se os grandes jogadores não tivessem se dedicado e jogado o melhor de suas vidas no momento que ainda não ganhavam nada? Ninguém os teria visto e ninguém os contrataria para um grande clube, e depois para outro e para outro, conforme seu desempenho.

Se não estamos satisfeitos em nossas vidas, precisamos avaliar eticamente os nossos próximos passos e, então, se for o caso, trocar de emprego, trocar de profissão, trocar... O que importa é buscarmos a felicidade com muita força e comprometimento, e não ficarmos a fazer críticas, reclamar ou fazer nossos deveres com pouca intensidade e dedicação.

Foque no seu objetivo principal e não o perca de vista. Analise se o que está fazendo atualmente está alinhado com as três questões da fase sonhar. Caso contrário, precisa se encontrar, focar, precisa identificar o seu propósito e agir em busca desse caminho, embasado com os princípios éticos.

Para isso, precisamos agir efetuando uma ação positiva, e a origem da ação é a escolha. Você tem que decidir corretamente baseando-se na ética. Aristóteles dizia que "o desejo é a força motriz, é a mola geradora de todas as nossas ações, e essa força motriz tem que ser guiada pela razão, para que assim possamos atingir os nossos objetivos".

Nas suas ações, é preciso decidir realizando escolhas baseadas na razão, e essas escolhas é que definem o seu caráter. Você tem a liberdade de escolher... Pense certo e faça a escolha certa, para que suas ações, baseadas em seus valores, sejam exemplo durante toda a sua vida.

Aja agora, mas com valores éticos em suas decisões, e não saia dizendo que o "sistema" está corrompido em todos os lugares e por isso é difícil mudar.

Em algumas situações, vemos os valores indo para o ralo, e você precisa impedir que isso aconteça no seu dia a dia. É preciso combater sempre, pelo menos ao seu redor. É o mínimo que você deve fazer, mesmo que a situação ilícita favoreça você, sua família ou amigos. Exemplo: não realizar cópias ilegais, não ultrapassar pelo acostamento, não corromper, não deixar de assumir seus compromissos, não mentir etc. Detalhes que, se forem evitados, irão ajudar muito, e isso pode gerar uma corrente, ampliando as ações positivas cada vez mais em nossa sociedade. Lembre-se: tudo que a criança vê, ela se sente no direito de fazer igual. Não seja um exemplo negativo.

Característica 2: A arte da Comunicação

A comunicação é o processo pelo qual você passa e recebe informações, relacionando-se com o mundo, com pessoas e instituições. É tudo aquilo que comunica uma ação. Devemos nos preocupar em enviar sempre uma informação verdadeira e ética, para que não gere problemas futuros.

É muito importante que essa comunicação gere um relacionamento saudável, tanto na sua vida pessoal quanto na empresarial, para que os seus projetos deem certo, para que entendam o que você quer fazer, para que você tome um remédio certo, para que você eduque corretamente, enfim, para que aconteça o que realmente você quer transmitir aos seus receptores. Essa característica é muito importante para o empreendedor, pois ele sempre precisará se comunicar para expor suas ideias e inovações.

Imagine se você for a uma corretora de imóveis e disser que está interessado em comprar um imóvel na planta, com três quartos, e o corretor levar você para ver o imóvel abaixo.

Entenda a diferença entre informação e comunicação.

Informação: é quando um emissor passa para um receptor uma mensagem que elimina uma série de dúvidas, de incertezas, como demonstra a figura abaixo.

Comunicação: a comunicação é quando essa mensagem é entendida e decodificada corretamente pelo receptor e retornado ao emissor o seu claro entendimento, ocasionando o *feedback*, ou seja, o receptor compreende perfeitamente a mensagem e informa ao emissor.

E por que a não comunicação acontece? Veja alguns erros:

1. Quando não entendemos e não perguntamos, corremos o risco de entregar um serviço fora do desejado – pergunte quantas vezes forem necessárias, até entender e entregar o esperado, satisfazendo o outro lado.
2. Quando falamos rápido e não entendemos a resposta – pergunte novamente.
3. Não sermos claro nem objetivo em nossas ideias – procure informar suas ideias de forma tangível, isso ajudará o entendimento (através de fôlder, maquete...).
4. Quando subentendemos os resultados – se tem dúvidas, confirme.
5. Quando entendemos e não damos um *feedback* – é um dos maiores problemas das pessoas atualmente, por esquecimento ou por não achar necessário.

O *feedback* é um dos pontos mais importantes que precisamos utilizar constantemente em nossa vida, para gerar harmonia no relacionamento, na sociedade em que vivemos.

Mas o que é *feedback*? *Feedback* é o processo de retornar uma informação a uma pessoa ou a um grupo de pessoas, dizendo que entendeu ou que já terminou o serviço, ou que já está fazendo etc., para ajudar a melhorar seu desempenho no sentido de atingir algum objetivo. É dar um retorno com o intuito de finalizar a situação, tirar uma preocupação da parte que iniciou a comunicação:

— Já fechei o projeto e está tudo certo.

— Já enviei a nota fiscal para a empresa X.

— A reunião, no próximo sábado, já foi informada e confirmada com todos os colaboradores envolvidos no projeto.

Feedback é também um presente dado por um amigo, por uma pessoa que quer o seu bem ou quer que você se desempenhe melhor. É uma dica, um comentário construtivo. Não se arme contra esse *feedback*. A maioria das pessoas acha que é negativo e as vezes até briga por causa do comentário que recebeu. Analise, é muito mais fácil criticá-lo para outros do que correr o risco de perder sua amizade fazendo a crítica diretamente para você. Portanto, receba esse *feedback* como um presente, escute muito e depois utilize o que melhor lhe convier. Aproveite e utilize esse *feedback* para somar no seu crescimento pessoal e quebre as barreiras, estabelecendo uma relação de confiança e segurança com seu amigo, pois ele está lhe passando sua sabedoria baseado na experiência pessoal e profissional.

Veja o exemplo dos *feedbacks* e analise as atitudes do profissional que recebe:

Exemplo 1: Muitas vezes você cria uma proposta muito elaborada e vai mostrar para um supervisor ou para um amigo, no trabalho, e recebe o seguinte comentário: "Olhe a capa de sua proposta, pois a empresa que irá recebê-la é chinesa, e pela cultura dela seria interessante mudar a cor utilizada". E aí... você, muitas das vezes, já acha que é ciúme, inveja, ou pensa que o outro jamais faria uma proposta com esse conteúdo e se arma todo contra ele. "Imagine se a capa vai atrapalhar em alguma coisa! A empresa quer é saber dos valores." Inclusive discutindo e não levando em conta a experiência que lhe está sendo entregue de graça. E alterar a capa é apenas um detalhe que ajudará no todo da proposta.

Exemplo 2: Você promete que vai entregar um relatório no dia seguinte, no período da tarde, mas não entrega. Isso é muito desagradável e quebra a confiança que colocaram em você. Não deixe isso acontecer; se prometeu, cumpra. Caso haja imprevistos, dê um *feedback* imediatamente, alterando o prazo.

Dica: Ouça bastante e considere somente aquilo que você achar interessante. Mas, se você pediu um *feedback*, aceite-o, e não critique, não discuta. Muitas vezes recebemos um *feedback* que não gostaríamos de ouvir, mas esse tipo de crítica é importante para o nosso crescimento.

Daniel Golleman (2001) afirma:

> O *feedback* consiste no intercâmbio de informação sobre o funcionamento de parte de um sistema, já que uma parte interage com as demais, de tal modo que, quando uma delas entra em desarmonia com o todo, deva ser reajustada. Numa empresa, todos fazem parte de um sistema e, nesse caso, o *feedback* é a possibilidade de evitar a entropia – a troca de informação permite que as pessoas saibam que seus respectivos trabalhos estão sendo bem executados, que precisam aprimorá-los, melhorar ou reformular totalmente. Sem *feedback*, as pessoas ficam no escuro; não têm ideia da avaliação que o chefe faz de seu trabalho, com os colegas, ou o que é esperado delas, e qualquer problema que eventualmente exista só tende a se agravar com o passar do tempo. Num certo sentido, a crítica é uma das mais importantes tarefas

> de um administrador. Também a eficiência, satisfação e produtividade das pessoas no trabalho dependem de como lhes são transmitidos os problemas incômodos. Na verdade, a maneira como são feitas e como são recebidas as críticas diz muito sobre até onde as pessoas estão satisfeitas com seu trabalho, com os que trabalham com elas e com a chefia. (p.165.)

Através do *feedback* também podemos conhecer o caráter verdadeiro das pessoas. Imagine que você tenha dado um *feedback* verdadeiro sobre algo que lhe foi perguntado. A pessoa que recebeu não concorda e acha que o seu ponto de vista é apenas para prejudicá-lo e acaba criando uma grande confusão com você. Atenção! Pessoas assim são negativas e falsas. Elas querem que você concorde com a posição já estabelecida delas, porque seu principal interesse é apenas ter você como cúmplice, se o projeto não der certo. Caso encontre pessoas assim, afaste-se, porque querem apenas sugar sua energia positiva e abusar da sua confiança.

Pela prática, veja os erros que costumamos ver na comunicação:

1. **Cultura de comunicar:** um dos erros na comunicação é a falta de cultura de comunicação, porque isso não é ensinado e nem estimulado em nossas escolas, e muitas famílias também não o fazem. Assim, quando essa criança se tornar um profissional, não terá a cultura de gerar comunicação e muito menos o *feedback* em seu trabalho.
2. ***Feedback* fornecido de forma pejorativa:** no qual você dá mais ênfase aos erros, não aos acertos, deixando seu receptor desmotivado.
3. **Comunicação territorialista:** é uma deficiência na comunicação entre departamentos, e o principal culpado é o gestor. Se existir um gestor eficiente, ele não permitirá que a sua área se transforme em um feudo ou silo, competindo com as outras áreas para garantir seu território, guardando a informação. Ele garante que a comunicação será difundida de forma clara, correta e confiável a todos os envolvidos.
4. **Proibição da comunicação:** a comunicação, tanto na vertical quanto na horizontal, é muito importante em uma empresa. Principalmente para existir fluidez na geração das ideias, para poder ter facilidade em criar ideias novas dentro da empresa.
5. **Falta de agilidade na comunicação:** é preciso ser ágil na transferência da comunicação e na organização do fluxo dessa informação. É importante ter um planejamento adequado definindo, inclusive com relação a quem se destina as informações. Nessa agilidade você pode utilizar todos os meios, processos e veículos possíveis de comunicação.

Atualmente, a comunicação verbal é muito importante, porque nós todos precisamos vender nossa imagem todos os dias, seja em uma entrevista de emprego, seja para explicar uma ideia, seja para explicar um projeto mais estruturado, para vender um produto, enfim, a comunicação verbal precisa ser muito bem feita, senão tudo dá errado. E a certeza da boa comunicação é o *feedback*, é o retorno que você recebeu sobre suas ideias, se expressou-se bem. E quando você começa a ser requisitado após sua apresentação, então tem certeza de que foi bem avaliado e aceito. É muito importante que sua comunicação estimule uma ação nos receptores. Procure sempre, ao final de sua apresentação, atingir o que você está propondo na comunicação, ou seja, uma aprovação do projeto, assinar o contrato, fechar uma parceria, ganhar uma promoção etc.

O João deveria se preocupar com o *feedback*, inclusive a respeito de suas ações. Ele apenas executava os serviços, achando que todos estavam gostando. Mas se ele perguntasse aos seus clientes internos, poderia ouvir, por exemplo:

— João, evite deixar que o vírus entre em nossa rede, porque perdemos muito tempo até você resolver de fato o problema.

— João, quando você fizer uma mudança, faça de madrugada, para não atrasar nossos serviços.

— João, nas mudanças, estipule um prazo, e caso ela não dê certo até uma determinada hora, retorne o serviço na forma anterior, para não prejudicar o andamento dos trabalhos.

Enfim, João poderia ter evitado sua demissão.

No seu dia a dia, seja um exímio comunicador. Esse é um excelente caminho para que na família, na escola, na empresa em que trabalha, nas reuniões, possa passar segurança aos seus ouvintes durante a sua comunicação. Para isso, é importante ter postura, uma boa imagem, conhecimento do que vai explicar, técnicas de comunicação, liderança e segurança.

Essa comunicação, muitas vezes, precisa ser elaborada em um relatório ou em uma apresentação multimídia, por exemplo, com a finalidade de auxiliar nas suas apresentações orais. Para isso, vale conhecer como fazer, e o conteúdo que vai apresentar deve ser dividido em três etapas: introdução, desenvolvimento e conclusão.

Introdução: deve apresentar ao ouvinte as intenções do projeto, trazendo a descrição condensada dos assuntos que serão desenvolvidos durante a sua apresentação. O seu ouvinte deve perceber que a sua intenção é ajudá-lo em algo que você irá propor. Deve ser rápida, tendo no máximo 15% do tempo disponível. Você tem que conquistar, ganhar o interesse e a atenção de seus ouvintes. Para isso, inicie a abertura com um cumprimento envolvente, levando-os para sua apresentação com uma afirmação ou questionamento do conteúdo, podendo ter ilustração, humor e uma questão para que seus ouvintes percebam a importância das informações que você irá mostrar. Cuidado com o humor; utilize se você tiver facilidade com esse recurso. Faça a introdução conforme demonstrado abaixo:

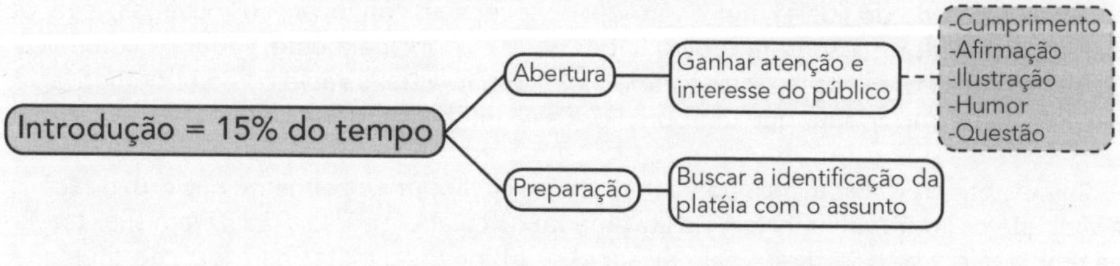

Desenvolvimento: a ideia e a sua fundamentação são a mensagem a ser transferida e precisa descrever e analisar o projeto como um todo, com os seguintes parâmetros:

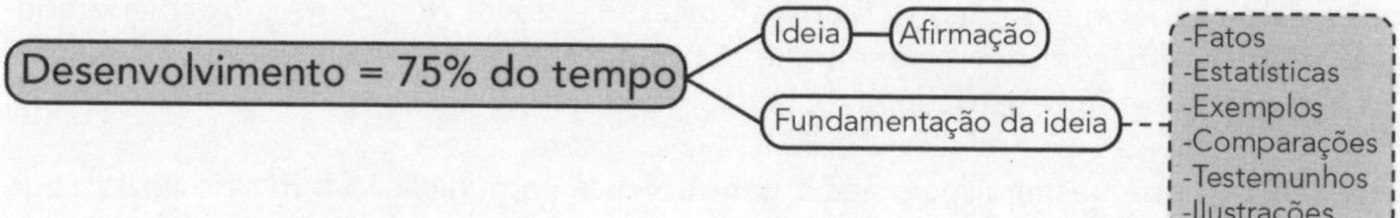

Os fatos, as estatísticas, os exemplos, as comparações são a base do seu projeto, que em seus estudos obterá esses recursos. Testemunhos e ilustrações são importantes para dar credibilidade à sua informação. Você tem que tocar no coração do seu público com as suas informações, precisa criar expectativas.

Conclusão: precisa ser muito bem elaborada, para que você possa finalizar a ideia com comentários e observações pertinentes ao projeto que está sendo transmitido. Na conclusão, você precisa fazer com que seus ouvintes realizem a ação que está propondo. Para isso, irá utilizar os 10% do tempo restante. Veja como:

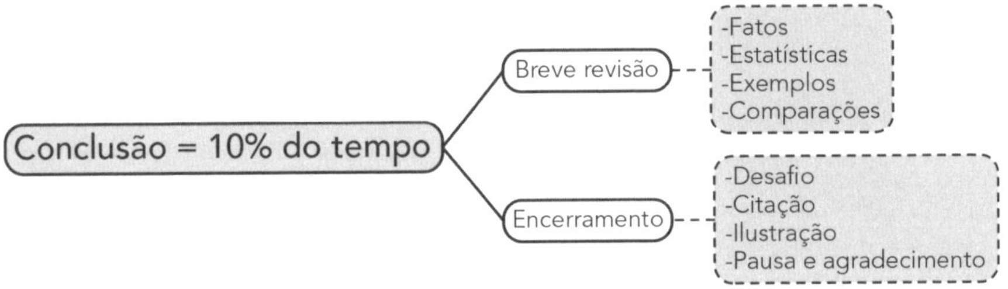

Na conclusão, você terá menos tempo que as outras duas etapas, e ela servirá para fechar sua apresentação com excelência, estimulando seus ouvintes a fazerem o que propõe. Você tem que ter conseguido provocar uma ação no seu ouvinte, ou seja, fechar um contrato, receber um aumento, vender um projeto etc.

Mediante o aprimoramento dessas habilidades, poderá se tornar um líder, pois um bom comunicador ou uma pessoa que expressa muito bem suas habilidades sempre será convidado para levar a outras pessoas esse conhecimento. E quando você está conduzindo um grupo – é um líder. E as habilidades de um líder deve se dar de tal forma a motivar seus liderados a se engajarem para:

- alcançar a meta almejada;
- motivar a execução do processo, para que seja realizado com satisfação para o cliente;
- levar informações aos colaboradores, alunos etc.;
- manter harmonia entre todos os seus liderados.

É este o desafio do líder: antes de tudo, conhecer-se e conhecer seus ouvintes, levando claramente a informação para todos. Saber ouvir e, principalmente, saber se comunicar. Observe que a comunicação é uma habilidade fundamental e serve como fator motivacional. Por isso é importante que um bom líder seja um bom comunicador.

Apenas para reforçar a importância da comunicação, principalmente nas organizações, é vital que os líderes influenciem positivamente os colaboradores a realizarem suas tarefas na empresa e a se dedicarem para alcançar os objetivos e metas na execução do planejamento estratégico. Para isso, a comunicação precisa ser aplicada como uma ferramenta estratégica na gestão dos negócios, fazendo-se necessária à compreensão, à participação efetiva e também ao envolvimento da alta gerência nos processos da gestão da comunicação e do conhecimento dentro da organização. É através do líder que os colaboradores buscam informações oficiais e sem ruído, porque acreditam nele. Por isso a comunicação tem que ser sempre verdadeira, para não gerar desconfiança e falta de credibilidade.

Observa-se que nas famílias e nas organizações a comunicação tem sido um grande problema. Seja o filho ir para um clube e não avisar os seus pais, seja na empresa devido à falta de tempo dos líderes, pois estão preocupados em atingir as suas metas. E, assim, não se comunicam mais frente a frente, somente através das ferramentas tecnológicas, por meio das quais as informações são passadas, de forma fria e sem calor humano, podendo ocasionar a não captação da informação e também gerar a desmotivação.

Em uma comunicação frente a frente, você pode ter um *feedback* imediato e ter a capacidade de ouvir o outro lado também e, se for o caso, pode inclusive alterar suas ideias. Imagine estar casado e os cônjuges morando em cidades diferentes. Será que a comunicação vai ser eficiente não estando ambos frente a frente? Será que o entendimento da comunicação via e-mail e SMS informará o que se pretende, mantendo apenas recados e contatos virtuais e sem uma interação presencial? Agora eu pergunto: esse relacionamento vai persistir? Existirá plena confiança? Haverá fidelidade e felicidade nessa relação?

Na organização é a mesma coisa: todo comunicador precisa estar permanentemente em contato com sua equipe de trabalho, ouvindo-os. Não fique sentado o tempo todo em sua sala, reserve sempre um tempo para interagir com os colaboradores, departamento por departamento e clientes internos e externos. E aos pais: reservem também tempo para conversas e diversões com sua família e seus amigos.

Mas lembre-se de que, nos dias de hoje, a comunicação interna se tornou mais ampla, através das redes sociais, da internet. Essa multiplicidade cultural é cada vez mais dinâmica e comum nos negócios e nas famílias. Elas têm que somar, e não ser apenas um único caminho.

Só para reforçar, a comunicação é uma relação humana, e o ser humano é a energia que faz a organização prosperar. Portanto, cuide dela.

Exercício prático:

Dividir os participantes em equipes de três a quatro pessoas. Cada equipe deverá elaborar um projeto sob um tema livre (ou definido pelo moderador/instrutor).

Cada equipe deverá desenvolver o projeto seguindo as etapas de comunicação (introdução, desenvolvimento e conclusão). Depois de realizado o projeto, cada grupo deverá apresentar a ideia a todos, em 15 minutos, para "vender" o seu projeto para o restante da sala, envolvendo todos os participantes da equipe na apresentação.

Por quê? Hoje, em todas as organizações, é necessário que o profissional faça essas apresentações o tempo todo, inclusive utilizando o PowerPoint. A escola/empresa deverá disponibilizar o material: projetor e micro para a execução dos eslides em ppt.

Reforçando o mapa mental

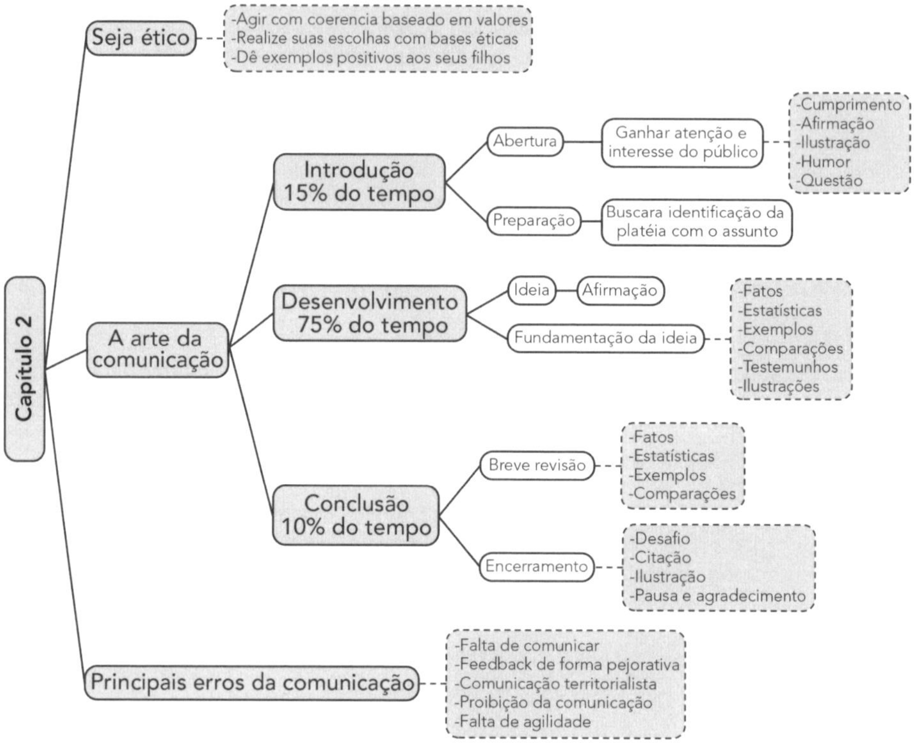

CAPÍTULO 3

Esteja de bem com a vida, eleve a autoestima e a autoconfiança

"Nunca deixe de tentar, tente sempre outra vez. Sempre!"

Lembre-se de que é importante você ter um motivo para viver. As pessoas que não têm mais foco geralmente são dominadas pelo estresse, pelo desânimo, e nada mais dá certo. Portanto, as pessoas focadas, mesmo indo devagar, terão resultados melhores. O importante é não parar. Para quem já sonhou, decidiu e está agindo, um pequeno avanço na direção certa é muito significativo. E se não parar, estará a cada dia mais perto de alcançar o seu objetivo. As suas decisões estão mais fortes agora, pois já criou a sua estratégia e pode agir com mais determinação em busca do seu ideal.

Ficar focado o ajudará a permanecer sempre de bem com a vida. Procure buscar essa força interior estruturado nas suas estratégias, para ter melhores resultados, para alcançar suas metas, alcançar seus sonhos etc. E como ter esse equilíbrio para aumentar sua autoestima?

Nietzsche – um dos filósofos mais influentes da era moderna –, com interpretação de Allan Percy, nos definiu cinco passos para aumentar a autoestima:

1. Viver para si mesmo, não para o mundo: ou seja, ame primeiramente a si próprio, para depois amar o próximo. Muitas pessoas buscam aceitação alheia e em muitas das vezes sofrem quando são rejeitadas, inibindo a capacidade de sonhar!
2. Fuja das comparações: não é porque o outro faz que você tem que fazer. Há pessoas que possuem qualidades que você não possui, e você tem qualidades que os outros não têm. Portanto, procure o seu legado e decida o seu caminho.
3. Não busque a perfeição: nem em você, nem nas pessoas ao seu redor. Lembre-se de que existe muito para melhorar, e é isso que deve fazer todos os dias: buscar melhorar a cada dia.
4. Perdoe seus erros: principalmente os que ocorreram no passado. Mas é importante que não os repita e tire proveito deles. Seja proativo!
5. Pare de analisar: é muito melhor agir do que ficar pensando no que deu errado. Movimentar-se em busca de seus objetivos é sinal de evolução.

Você não consegue ser motivado por alguém. A estima e a confiança precisam vir de dentro de você. O que as outras pessoas podem é apenas lhe dar um apoio psicológico, uma força moral ou um incentivo. Mas somente você é que tem que buscar internamente a sua motivação e melhorar sua estima e sua confiança. Com o método, sonhe, decida, aja.

Não fique esperando que as condições de sua vida melhorem para que você inicie a busca dos seus objetivos. Comece a agir agora, porque só assim irá alcançá-los e ter uma condição melhor do que a atual. A decisão é a melhor ferramenta para estimulá-lo a agir, e agindo sobre tudo que planejou estará a cada dia se movendo para alcançar o seu objetivo. Assim estará se automotivando para buscar uma força interior que o impulsione, que o faça acordar cedo todos os dias, com alegria e disposição para mais um dia de conquistas. Nossa proposta é apresentar-lhe o método para o desenvolvimento, a partir da sua condição de existência.

Ninguém segura aquele que consegue buscar essa motivação interna. Não pare! Vá rápido quando puder ou devagar quando for obrigado, mas siga o seu planejamento e alcance todos os objetivos; realize seus sonhos e esteja em equilíbrio na sua vida, tornando-a cada dia melhor.

Lembre-se: é importante ter as respostas das três perguntas da fase sonhar, e então poderá traçar um novo rumo para sua vida. Porque, quando responde as três perguntas, está se autoconhecendo, e isso é muito importante para definir corretamente os seus objetivos.

FASE SONHAR

-Quem sou eu ?
-Para qual finalidade estou aqui ?
-Para onde vou ?

Com as respostas, estará colocando foco na sua vida. E quando você vai em direção do seu objetivo principal, começa a ter automotivação, autoestima e autoconfiança elevadas. Essas respostas trarão um desejo real de conseguir realizar seus objetivos.

E se você não consegue responder as perguntas é sinal de que não tem objetivos maiores em sua vida. Você só conseguirá motivar-se se souber aonde quer chegar. Não importam os obstáculos, as dificuldades ou os problemas que irão aparecer. Se tiver definido o seu propósito... ninguém conseguirá atrapalhá-lo na sua realização.

O João esperou a "casa cair" para correr atrás e buscar um novo rumo para sua vida. Achou que nunca ia ser mandado embora da empresa, pelo fato de estar fazendo apenas o seu serviço diariamente, e não se atualizou, esquecendo-se de que tudo se transforma no dia a dia. Por exemplo: o crescimento da empresa, novas necessidades dos usuários, atualizações dos servidores e da rede, implementações dos serviços de mobilidade etc. Não deixe que isso aconteça. João precisava agir positivamente e proativamente, e buscar novos rumos nos melhores momentos de sua vida, e não nos ruins. Crescer e buscar novos conhecimentos nos melhores momentos de nossa vida nos torna mais fortes, melhores e mais eficazes.

João não tinha objetivos maiores em sua vida, ele simplesmente trabalhava para pagar as contas e guardar um pouco do que sobrava para, então, se divertir. Apenas isso. João precisava enxergar as suas qualidades positivas, para poder corrigir as negativas, porque, quando você está focado no seu alvo, produz autoconfiança para sua vida e cada vez mais terá o desejo veemente de melhorar o seu desempenho.

No momento em que estiver trabalhando, pense e repense: estou no caminho certo da minha vida para manifestar meu propósito? Se sim, ótimo! E acelere seus passos, com novos conhecimentos, e sempre permaneça direcionado em seus objetivos. Se não, esse é o momento! Enquanto ainda tem um trabalho, repense seu planejamento estratégico e busque novos conhecimentos, relacione-se mais, atualize-se com leituras de outros assuntos que lhe interesse, conheça outras experiências através de viagens para outro estado ou outro país, economize para os tempos de crise etc. Esses são alguns itens importantes para o ajudar a encontrar e aperfeiçoar o seu foco, aumentando sua força interior.

Assim você estará em busca de novas oportunidades, ampliando seus horizontes. Dessa maneira, ficará motivado, e da forma certa, com a confiança e a estima não condicionadas por uma ação de um elemento externo. Pessoas bem-sucedidas, independentemente da profissão – médico, padeiro, engenheiro, açougueiro, artista, advogado, empreendedor, esportista –, todas possuem essa força dentro de si. E esse é, com certeza, um dos elementos que irão garantir o seu sucesso.

Lembre-se de que você precisa gastar sua energia com foco nas coisas positivas e deixar as negativas de lado. Não gaste o tempo da sua vida lamentando sobre as coisas negativas. Esquecer as coisas ruins e não ter resquícios com as pessoas que o derrubaram são atitudes fundamentais para o seu crescimento. Ficar olhando somente para as coisas negativas irá dificultar para que você enxergue a direção da sua nova vida. Nesse momento, olhe para frente, veja o que pode aprender com os erros e caminhe para a busca de novos horizontes.

Uma grande sacada é dedicar 90% do tempo na solução do problema, nas coisas positivas, na maneira que irá solucioná-lo. E 10% para que você se lamente sobre o problema, pois essa etapa também é importante no seu crescimento.

Então, não busque motivação externa, não espere ser empurrado por alguém para agir. Faça agora, independentemente do estímulo de alguém. Ayrton Senna, Abílio Diniz, Sílvio Santos, Nelson Mandela, Bill Gates etc. são pessoas que atingiram seus sonhos nas mais diversas áreas. Então, eu lhe pergunto: você acha que essas pessoas ficaram esperando que alguém as motivasse? Claro que não! Elas eram ou são automotivadas, e da mesma forma mantiveram ou mantém sempre sua autoestima e autoconfiança elevadas, para ficarem sempre dispostas à realização.

A autoestima e a autoconfiança são forças que nos tiram da escuridão, do fundo do poço, do buraco e nos dão suporte para superar todos os nossos problemas, e nos impulsionam para seguir em busca dos nossos objetivos, dos nossos sonhos. Observe que é aí que está o nosso combustível, basta acelerar para andar mais rápido ou na velocidade que você projetou em seu planejamento.

Ter grandes objetivos e caminhar na direção deles produz um efeito incrível na sua vida, deixando-o motivado todos os dias. E quando você estiver correndo atrás de algo em que acredita o tempo todo, ficará motivado sempre, confirmando a eficácia do método proposto. Nosso tempo vai acabar, um dia iremos morrer. Portanto, temos que descobrir nosso propósito e esparramar nossa essência o mais rápido possível. Temos que saber para onde vamos. Se você não souber, não irá a lugar nenhum, ficará sempre apagando fogueira, sendo reativo, e nunca proativo. É igual à história do rapaz que entra no elevador correndo e a ascensorista pergunta: "— Para qual andar você vai, senhor?", e ele responde: "— Ah! Qualquer um. Entrei no prédio errado mesmo". O rapaz não sabe o que quer e nem para onde vai. E você? Sabe para onde vai? Sabe qual é o seu propósito? Seus objetivos são inspiradores?

Não fique trabalhando apenas para pagar contas. A vida é curta para você fazer apenas isso. Aja de forma coerente, com método e dedicação.

As pessoas desejam muito. Mas não fazem um planejamento para alcançar os seus objetivos. Depois ficam com uma inveja dos amigos que alcançaram. É o caso do João, que quer viajar para o exterior, mas não está guardando dinheiro nem para viajar para o estado vizinho. Aí, não tem jeito! O tempo passa, e muito rápido. Por isso, tem que ter ação agora, tem que começar a fazer já aquilo que você almeja daqui a 12 meses, 24 meses, 50 meses ou "n" meses, dependendo do seu planejamento.

Crie objetivos que o inspirem, mesmo que pareçam impossíveis de serem realizados. Em seguida, elabore o seu plano de ação, e verá que não é tão impossível assim. Não seja uma pessoa comum, que fica falando muito e não faz nada para mudar... "— Ah! Se eu ganhar na loteria, ficarei rico". Mas se você não joga... vai ganhar de que jeito? Pense, planeje e aja sempre de forma positiva, para que seu cérebro arquitete positivamente, porque, quando você se concentra no que quer, o que não quer desaparece de seus pensamentos.

Se pensar dessa forma o tempo todo, estará estimulando o seu cérebro para ajudá-lo a ter momentos agradáveis até a conquista dos seus sonhos. Isso irá fazer você olhar para as coisas com a mente mais aberta, deixando-o com a autoestima elevada e com disposição para buscar novos conhecimentos. E quando aparecer alguma oportunidade, não ficará com medo, porque estará preparado.

No momento em que você souber quem você é, para onde vai e qual a sua finalidade, mudará o seu foco, passando a olhar sempre para o positivo. Ao olhar para o espelho, verá uma pessoa com condições de realizar e capaz de alcançar e mudar os rumos da sua vida, com muita alegria e sem medo de ser feliz.

Observe que, quando está com pensamentos positivos, você atrai coisas positivas para sua vida. E quando fica com baixo astral, você pensa no negativo e só atrai coisas ruins. Então, por que ficar pensando muito tempo no problema? Procure pensar somente positivamente, para que, no decorrer da semana, as coisas boas comecem a acontecer. O seu pensamento positivo irá gerar uma ação positiva na sua vida, o que produzirá resultados positivos. Mas você precisa acreditar em si mesmo e fazer as ações do seu planejamento. É claro que precisa fazer a sua parte: agir todos os dias em busca da realização do planejamento.

Muitas vezes, o fato de não se preparar é por medo de correr riscos, de mudar, de se expor, ou seja, não querer sair da zona de conforto. Na maioria das vezes em que isso ocorre, é pelo fato de não ter sonhos definidos ou sonhos que o inspirem. Qualquer coisa satisfaz.

O João, nosso personagem, era assim: estava na zona de conforto, achando que nunca iria ser mandado embora e ganhando o suficiente para pagar suas contas. Estava satisfeito, fazendo muito pouco perante o que poderia oferecer. E se o João oferecesse mais, poderia até continuar empregado, com aumento de salário e até a possibilidade de ser promovido. Portanto, temos que definir nossos sonhos para nos conhecermos e, então, nos prepararmos para espalhar o nosso propósito.

Temos que acreditar e parar de ficar só falando; temos que agir positivamente. O seu plano estratégico é o seu guia mestre que conduzirá o seu pensamento em busca do sucesso que você quer.

O mundo abre passagem para nossas vidas se soubermos o que queremos. Porque, quando todos ficam sabendo qual é o seu propósito, estarão sempre se lembrando de você. Assim, você perceberá que as coisas vão acontecer e terá mais facilidade nas suas realizações. Isso é estar em sincronia com o mundo. Dessa forma, o mundo saberá onde procurar e o que procurar, porque você disse a ele.

Exercício:

Faça ou reveja seu planejamento estratégico, avalie se está alinhado com suas inteligências múltiplas e com a sua filosofia de vida. É uma boa hora para corrigir, se perceber que tem algo desalinhado.

Reflita:

Quer fazer a diferença? Pense, e pense muito, porque é preciso pagar o preço. Correr atrás, com persistência, na direção certa e com muita decisão.

O sucesso é dos que lutam, dos que agem, dos que saem da zona do conforto e dos que se arriscam para alcançar os seus objetivos na busca dos seus sonhos.

Comemore sempre os objetivos alcançados.

Crie sempre novos objetivos. Assim que conquistar um, crie um novo para que você continue, sempre, tendo momentos agradáveis de ser vividos

"Voltei a estudar.
É importante ter metas
que exijam nosso
desenvolvimento."

CAPÍTULO 4

Características 5 e 6: Coragem de assumir e calcular riscos

"Você quer ser mais um ou o número um?
– Você decide".

Para que uma nova atividade seja realizada, o responsável por ela terá que enfrentar e administrar novos riscos que possivelmente aparecerão. Arriscar em uma nova atividade significa ter coragem para enfrentar desafios, ousar na execução dessa atividade e escolher os melhores caminhos a serem trilhados com muita paciência, prudência e perseverança. Ou seja, tem que estar preparado.

Mas lembre-se: para que você possa assumir riscos em sua vida pessoal ou profissional, deverá ter em mente se é capaz de pôr em prática as ações que levem aos seus sonhos, com decisões corretas, e agir todos os dias em busca dos seus objetivos (que explicamos no primeiro capítulo). Atenção! Estará fazendo isso para apresentar resultados exclusivos para você mesmo.

O João, devido a sua função no emprego anterior, deveria se questionar:

- Gosto de novos desafios?
- Sou capaz de enfrentar riscos?
- Gosto de experimentar os limites de minha capacidade?
- Sou capaz de deixar uma situação segura para arriscar novas oportunidades?

Essas questões são importantes para que o João se desafie o tempo todo e não se deixe acomodar. É preciso estar o tempo todo querendo desempenhar o melhor possível. Para isso, a educação é fundamental, principalmente para calcular os riscos com maestria. Agora, se disse um não em uma das questões acima, estude, prepare-se melhor, principalmente para calcular melhor os riscos que irá enfrentar. Um empreendedor responde sim a todas as questões acima, sem medo.

O João, como todo ser humano, quer segurança, garantia e conforto. E ele achava que conseguiria tudo isso fazendo todos os seus deveres na empresa, mas não entendia que estava sendo reativo. Devido a sua falta de preparo, ele entendia que estava dando o melhor de si, e que assim nunca seria demitido.

Certamente ele pensava da seguinte forma: "Se eu fizer tudo que me pedem, com certeza terei o emprego para sempre!".

Ele não estava preparado para trabalhar com seus colaboradores proativamente. E trabalhando proativamente, os possíveis problemas seriam antecipados e poderiam ser evitados, ocasionando um atendimento com excelência. Assim, muitos transtornos seria evitados na empresa, proporcionando otimização no tempo de todos, com diminuição dos riscos.

Ser competitivo, ágil e não ter medo de assumir riscos são qualidades de poucos. Basta olhar o crescimento da demanda por concursos públicos. A maioria prefere a estabilidade e um salário menor que sua capacidade do que correr riscos. Não há nada de errado em buscar estabilidade e segurança, mas, como temos prazo de validade – um dia iremos morrer –, temos que identificar nosso propósito aqui na terra e então cumpri-lo. É importante que você sonhe com algo extraordinário, decida como irá realizá-lo e então aja já, para que o seu sonho se concretize. Assim, estará dando saltos mais altos; consequentemente, estará correndo mais riscos – obviamente, bem calculados.

Correr riscos é fundamental para que você não se acomode. Afinal, tem que caminhar na direção do foco que você definiu no seu planejamento. Dessa forma ficará muito mais agradável a sua caminhada. Isso o deixará sempre de bem com a vida, tornando tudo mais fácil. É importante que nessa caminhada você procure ter um relacionamento muito bem com todos.

A vida sempre nos oferece oportunidades e riscos. E no momento em que você encontrar o seu ideal – respondendo as três perguntas da fase sonhar –, estará entendendo, aceitando e aprendendo a calcular e a conviver com risco, para poder dar grandes saltos na carreira profissional e na sua vida em geral. E quando isso acontece, automaticamente, estará fazendo o bem para a comunidade/sociedade, porque estará corrigindo possíveis problemas que você identificou como oportunidades.

Se conselho fosse escutado, eu diria:

— Aprenda a conviver com riscos!

Assim, a vida é muito mais dinâmica e alegre. Se viver com o risco, não terá uma vida chata e limitada a conquistas medianas. Terá, sim, muito sucesso e realizações. Mas, atenção!, viver com riscos não é fácil. Você levará muitos tombos. Entenda que esses tombos acontecerão para o fortificar. E quando cair, levante-se! Tire proveito das situações negativas e continue a escalada da vida.

João poderia "calcular" o risco de novas oportunidades em seu ex-trabalho questionando-se:

— Vou implantar novos servidores?

— Vou trocar fornecedor de link?

— Vou reduzir os gastos do meu departamento?

— Vou implantar novos serviços em toda a fábrica?

— Vou gastar muita grana para efetivar essa ideia e parar alguns setores durante a implantação. E se der errado? Como vou proceder?

Pronto! João, respondendo as perguntas acima, calculou os riscos pela necessidade que havia encontrado na empresa, que poderia ser efetuado corretamente não gerando transtornos e podendo ocasionar um grande sucesso na sua vida profissional.

Não é simples calcular os riscos? Faça isso sempre que tiver uma ideia e imagine todos os cenários. Crie soluções para os cenários negativos e positivos, e estará se preparando para ter mais sucesso na vida, pois saberá se direcionar para somente os pontos positivos.

Exercício:

Para que você possa se habituar a calcular riscos, imagine algum projeto e analise os cenários negativos e positivos. Assim, você verá que é fácil calcular os riscos dessas oportunidades. Pratique com vários projetos e você ficará craque logo. Depois é só agir com um projeto menos relevante, isso lhe ajudará a ficar mais confiante. Em seguida, continue com projetos mais representativos. Tombos, com certeza, você irá ter, mas se agir dessa forma terá apenas pequenas cicatrizes.

CAPÍTULO 5

Características 7 e 8: Procure inovar e não tenha medo da mudança

"Aproveite as oportunidades ao seu redor para criar, estudar, inovar e mudar".

Aquele que conseguir identificar um caminho positivo para solucionar um problema que aflige algumas pessoas, nesse momento, terá uma grande oportunidade de negócio ao seu redor e estará apto para inovar e mudar com soluções empreendedoras.

Mas como identificar oportunidades?

Minha mãe sempre diz que a oportunidade passa a cavalo. O que ela quer dizer é que você precisa estar preparado para agarrar esse momento, mesmo que não esteja 100% pronto. Quando agarrar essa oportunidade, já terá avaliado todas as condições de crescimento, inclusive seu autoconhecimento. Todas as pessoas têm za capacidade de enxergar o que os outros não veem, é preciso apenas aperfeiçoar.

Por exemplo, gosto muito de vinhos, e uma reportagem da FINEP (Financiadora de Estudos e Projetos, vinculada ao Ministério da Ciência e Tecnologia) me chamou a atenção. No Brasil, a tradição dos vinhos é em Bento Gonçalves, Região Sul, por se tratar de um clima mais ameno, com boa amplitude térmica e boa diferença da temperatura do dia para a noite, favorecendo as altas intensidades de cor dos vinhos tintos e também uma excelente maturação dos taninos da uva. Mas alguns empresários, para aproveitar os incentivos que o governo estava oferecendo para incentivar o interesse de empresas em investir na região, viram no Nordeste Brasileiro uma grande oportunidade, onde a maioria via somente ameaça, devido à seca e ao clima muito quente. Viram na região uma oportunidade, devido ao clima quente e seco, e apostaram nela para produzir vinhos. A colheita acontece o ano todo, diferente das regiões mais frias e tradicionais, onde ocorre apenas uma colheita anualmente. Em Petrolina-PE, a produção de vinho se tornou referência mundial, além de ajudar no crescimento e diminuir o desemprego da região.

Veja no exemplo acima, onde todos viam ameaças, alguns empresários estudaram a região como um todo e criaram grandes oportunidades. Muitas vezes a ameaça ou a dificuldade são ingredientes para você desenvolver uma grande oportunidade, e depois poderá criar, inovar e mudar, e explorar novos produtos e conhecimentos, gerando benefícios a uma comunidade,.

João começava a pensar dessa forma: ficar preparado para quando a oportunidade aparecer não deixá-la passar. Estava investindo em sua carreira e também entendendo as formas de relacionamento, para ficar em sincronia com todos e abrir seus horizontes com os conhecimentos de empreendedorismo que estava a estudar. Ele pensou:

"Não quero ficar parado esperando a oportunidade, vou começar a me relacionar mais e dizer a todos o que pretendo. Assim, ajudarei a oportunidade chegar mais cedo!".

João tem uma capacidade muito grande, estava apenas mal lapidado. E, nesse tempo sem trabalho, foi se lapidando em gestão: aprendeu como liderar, criar e cumprir metas, como se relacionar, como planejar, enfim, queria ficar pronto para a sua próxima oportunidade.

Esse novo conhecimento fez João ficar mais atento e observar formas para inovar e mudar. Sua última experiência em mudança fora drástica. Agora estava olhando para tudo e procurando oportunidades de negócios, quando viu uma propaganda de um determinado produto que atingiu um sucesso com uma ideia. João começou a pensar:

"Nossa! Tão simples e eficiente."
"Como ele teve essa ideia?"
"Porque não fui eu que pensei isso?".
Bom, vários fatores proporcionam uma pessoa a ter ideias:

- umas conseguem enxergar uma solução para algo que está incomodando muita gente;
- outras, durante um passeio, ficam observando tudo ao redor;
- algumas ideias aparecem em momentos em que você está relaxando, e depois podem ser aproveitadas no seu local de trabalho;
- Outros leem muitos assuntos variados, porque essas leituras podem despertar uma criatividade.

Todos podem inovar. Uma das formas é você começar a perceber situações que todos deixam passar sem perceber. Geralmente as oportunidades estão muito perto do nosso meio. E quando isso acontecer, desenvolva essa ideia mais rápido que o outro. E uma das formas para acelerar é o planejamento. Assim, poderá melhorar o seu dia a dia e também das pessoas ao seu redor. Procure resolver problemas e veja, no desenho abaixo, as etapas que deverá seguir quando tiver uma nova ideia:

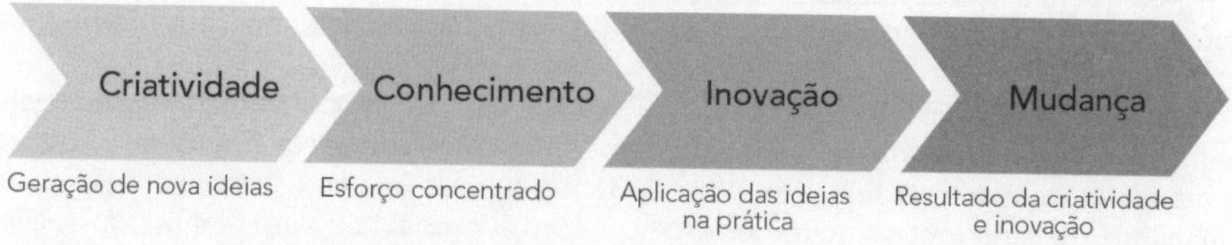

Conforme a figura, explicaremos os passos: criatividade, conhecimento, inovação e mudança:

1. **Criatividade:** muita leitura, viagens, olhar as necessidades ao redor etc. são formas que você pode se inspirar para ter uma criatividade e gerar novas ideias para solucionar ou melhorar o dia a dia das pessoas. Então analise todos os cenários positivos e negativos, para conhecer bem os riscos e os custos.
2. **Conhecimento:** você deverá dedicar todo o seu esforço e conhecimento para que torne real a sua criatividade. Caso não tenha conhecimento suficiente, estude muito antes de prosseguir.
3. **Inovação:** tornar essa ideia em algo palpável para que todos possam ver, sentir ou usar a sua inovação. Desenvolva o processo, para implantar o seu projeto.
4. **Mudança:** nessa etapa, você deve aplicar essa ideia na prática, nos ambientes que você idealizou, e em seguida realizar a mudança, ou seja, convencer todos os envolvidos de que a sua ideia é correta, útil e que os apoiará em um determinado problema.

Quando a gente chega à fase mudança, muitas pessoas ficam com inveja, porque queriam fazer o que você está fazendo ou ter a ideia que você teve. E muitas vezes isso também pode atrapalhar a implantação de sua ideia. Pois, além do sentimento de inveja, a pessoa sabe que a mudança irá mexer na sua zona de conforto, sabe que, geralmente, irá fazê-lo mudar toda a sua forma de trabalhar. Isso pode, muitas vezes, ser um transtorno na implantação e ocasionar problemas nos resultados finais. Atenção nessa etapa!

Estava lendo um pouco sobre São Tomás de Aquino, filósofo e doutor da Igreja Católica, que, e em um de seus estudos, faz referência à inveja – já que falamos sobre ela acima –, constatando seus cinco reflexos:

1. **Murmuração:** é o ato de falar mal de alguém ou de alguma coisa pelos cantos. Ou seja, chego num cantinho, no cafezinho etc., e fico falando mal de alguém. Esse é o primeiro reflexo da inveja. E se esse primeiro reflexo não satisfez o invejoso, ele parte para o segundo reflexo.
2. **Detração:** é a difamação. Começa a falar mal não mais nos cantinhos, e sim a fazer calúnia publicamente. Caso, mesmo assim, não der resultado para o invejoso, ele parte para o terceiro reflexo.
3. **Ódio:** o invejoso começa a traçar formas/estratégias de como ele vai fazer mal para a determinada pessoa.
4. **Tristeza do sucesso do invejado:** por exemplo, somos todos bancários, mas eu tenho um carro zero; o bancário invejoso fica triste, porque ele não conseguiu tal façanha...
5. **Profunda alegria com a desgraça do outro:** quanto mais alegre o invejoso fica, mais ele deseja mal para outro.

Agora que já conheceu esses reflexos, não os deixe que interiorize em você, porque, caso isso aconteça, será uma pessoa mal desejada e terá pouco relacionamento. Triste e cruel.

Aproveite bem as oportunidades da vida. Não deixe que ninguém atrapalhe seu sonho, principalmente na fase mudança, quando você tiver uma ideia. No Capítulo 1, você leu sobre como Decidir. Essa fase é muito importante, porque irá apoiá-lo na execução de um planejamento que deve ser feito por escrito e com acompanhamento diário, para facilitar a sua vida e, assim, você poder aproveitar as oportunidades. Dessa forma, você não precisa abdicar dos sonhos da sua vida. Por exemplo: as mulheres não precisam deixar de ter filhos para fazer carreira ou os homens deixar de casar para guardar mais dinheiro ou comprar um carro de luxo.

Uma pessoa que sonha, decide e age nunca recusará um projeto ou uma ideia. Sempre irá pensar sobre o que precisa mudar e aprender para conseguir alcançar mais essa etapa. Estará sempre analisando os cenários e pensando:

"O que tenho que fazer para realizar essa ideia?"

"O que vou estudar para 'fazer acontecer'?"

"Se fizer esse projeto, continuarei tendo tempo aos meus filhos?".

Através do estudo de cenários, você conseguirá ser firme no caminho a seguir. O João, por exemplo, tinha muitas oportunidades na empresa, mas não as agarrou e muito menos as desenvolveu. Por isso, ele ficava se torturando, insatisfeito, reclamando para as pessoas o tempo todo. Ele era daquelas pessoas que falam que vão mudar, mas jogam seu tempo fora não fazendo nada para mudar. João queria agradar os outros, mas não conseguia decidir nada na sua vida, e por isso não ficava feliz consigo mesmo. João não tinha foco, e não sabia para onde queria ir. Ele sonhava muito, igual a todos nós. Mas não identificava o que era mais importante para sua vida e não traçava metas para atingi-las. Dinheiro para pagar as contas e um pouco para as baladas já o contentava. João não tinha prioridades e definições para sua vida pessoal, familiar e profissional. Assim, ele perdia muito tempo com coisas irrelevantes. Ele poderia, se tivesse foco, trabalhar com mais eficácia, e assim aumentar sua produtividade, demonstrar que possui talento e que poderia ser muito bem aproveitado no seu último emprego.

Ter foco é escolher cuidadosamente as prioridades que o levam em busca do seu objetivo. Quer ser excelente em sua vida pessoal ou profissional? Então aprenda a descartar tudo que não o leva aos seus sonhos.

Exercício:

Responda as duas questões abaixo e tente aplicar na sua vida:

- Você sabe transformar situações de risco em oportunidades?
- Sabe identificar tendência e oportunidades de futuro?

Uma dica: procure ler muito, viajar, relacionar-se com as pessoas... E tente procurar oportunidades em tudo a sua volta. No clube, na igreja, na sua casa, no trânsito, enfim, olhe para os fatos que acontecem ao seu redor e veja oportunidades, e não simples acontecimentos. Principalmente se perceber algo que incomoda muita gente, pense em como solucioná-lo. Com o tempo, estará desenvolvendo atitudes empreendedoras e logo achará algo bem interessante e que o estimule nessa empreitada.

Reforçando o mapa mental

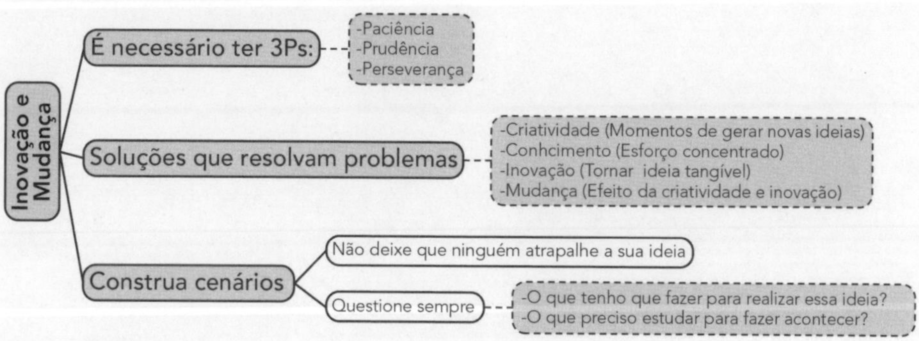

ENTREVISTA

CAPÍTULO 6

Características 9 e 10: Tenha qualidade e lidere com entusiasmo

"3Ps: Paciência, prudência e perseverança são virtudes essenciais ao empreendedor".

João estava lendo muito sobre empreendedorismo e já praticava algumas das características empreendedoras. Com isso, entendeu que ser empreendedor não é só quando uma pessoa é proprietária de uma empresa, mas sim quando realiza sonhos e que pode também criar e inovar, sendo colaborador de uma empresa da qual não é dono. Então, ele pensou:

"Se pensasse assim nunca teria perdido o emprego!".

Percebeu também que existem vários tipos de empreendedores: empreendedor tecnológico, empreendedor serial, empreendedor corporativo, empreendedor social, empreendedor herdeiro, empreendedor nato, empreendedor por necessidade ou por oportunidade, entre outros.

João tinha entendido que não pode fazer apenas o seu trabalho do dia a dia. É preciso estar envolvido na organização e sentir a necessidade dos clientes, para melhorar e aumentar a satisfação deles, para poder prover o crescimento de todos e, consequentemente, gerar mais receitas. Os resultados precisam aparecer e ser benéficos para todos.

E com todo esse entendimento que vinha adquirindo, João foi a uma entrevista de emprego em uma indústria. Um de seus amigos o indicou para uma vaga na mesma função em que ele trabalhava. Embora para algumas pessoas possa parecer difícil agir naturalmente, confiante, e demonstrar competência para o desejado cargo, em uma entrevista de emprego, João se sentia assim, totalmente ambientado, calmo e mais preparado. Então pôde expressar com clareza as suas ideias e dar respostas objetivas, gerando confiança no entrevistador. Logo depois da entrevista, João conseguiu a vaga. E exclamou no corredor:

— Agora serei um profissional de alta performance! Além de desenvolver minhas atividades, serei um gestor também, nem que seja só do meu departamento! Vou contribuir com o crescimento da empresa através do meu setor.

Para ter um bom início no emprego e fazer jus à confiança que lhe foi dada, João começou a se preocupar com a qualidade dos serviços prestados pelo seu novo departamento, onde acabara de iniciar suas novas atividades. E preocupou-se em manter e aumentar a qualidade a cada dia que passasse, procurando, assim, tornar esse departamento o melhor de toda a indústria, para que contribuísse em seu crescimento.

Um de seus primeiros passos para essa façanha foi realizar um diagnóstico, com todos os clientes internos, para identificar possíveis falhas e também para poder conhecer mais sobre a empresa, mapeando todos os processos. Ao final, João poderá tornar seu departamento único e aumentar a performance de atendimento, para entregar os serviços proativamente e, então, começar a surpreender. Este é o seu desafio nesse novo emprego:

—Vou surpreender a cada dia!

João recebeu a competência de se tornar líder em seu setor. Para tanto, precisava, então, ter visão de toda a organização, ter coragem, ser sincero e demonstrar autoridade de forma natural, sem pressão em seus colaboradores.

Nesse mesmo contexto, João lembrou-se de um artigo que havia lido, sobre liderança, da especialista em inovação Gisela Kassoy, que comentava os princípios que orientam um líder, e do qual gostou muito, 6Ds:

1. **Descontração:** atualmente, o que as empresas procuram são colaboradores criativos e inovadores. Assim, o autoritarismo nem se cogita mais em uma organização. É importante que esse líder deixe a sua equipe solta e livre para poder criar, inovar, sugerir e também discordar. Ser alegre, sincero, ter bom humor e estar de bem com a vida são qualidades fundamentais.
2. **Direcionamento:** a descontração, citada acima, não pode ser mal entendida, tirando o foco do departamento. Ao direcionar as atividades, o líder ajuda seus colaboradores a conceber os objetivos, estabelecendo prioridades no seu dia a dia.
3. **Desafio:** o líder precisa trazer desafio a todo instante, e motivar os seus colaboradores, que são capazes de executar, retirando-os, ao mesmo tempo, de momentos de sonolência dentro da organização.
4. **Diferenciação:** o líder precisa ter a capacidade de reconhecer e valorizar as diferenças de cada colaborador, para extrair o máximo de sua contribuição, tanto de personalidade quanto de experiência profissional. Assim, ele se sente respeitado e sem medo de errar, no conjunto da equipe.
5. **Desapego:** a produtividade de uma equipe é exemplar quando seus componentes ficam direcionados para a melhor solução e se desapegam de ideias anteriores, que não foram consideradas as melhores. Nesse caso, é importante esquecer o ego.
6. **Determinação:** ao unir todos os cinco princípios acima, e com automotivação e autoconfiança, o líder deverá conseguir inspirar sua equipe e levá-la também à determinação na conquista dos objetivos.

E, assim, João viu novamente o mesmo desafio que tinha na empresa anterior a ser cumprido em seu novo trabalho:

- ter que ajudar a aumentar a lucratividade;
- investir em tecnologia com racionalidade;
- reestruturar o departamento;
- fazer planejamento;
- reduzir custos.

Só que agora João estava preparado para a oportunidade e não queria deixá-la passar em vão. João, através das características empreendedoras que vinha adquirindo, estava aproveitando a oportunidade do novo emprego para buscar incessantemente o máximo da perfeição nas execuções de seu departamento. João sabia que buscar o máximo da perfeição é alcançar os objetivos que lhe foram designados e manter a qualidade na execução destes. Para ter mais rapidez na execução é preciso delegar muitas atividades, mas sem esquecer-se de acompanhar os resultados.

Para isso acontecer, João tem que ser exigente; primeiro, com ele mesmo, e, depois, com todos os seus colaboradores e fornecedores e todos os envolvidos na execução das suas atividades. Ser exigente é preocupar-se com os detalhes da execução, sem esquecer-se do objetivo principal, ou seja, olhar o processo como um todo – começo, meio e fim –, certificando-se de que o que foi entregue está de acordo com o que foi solicitado. E não é só isso: João aprendeu que precisa fazer mais com menos, ser cada vez mais rápido, sempre se preocupando com o princípio da melhoria contínua do seu serviço. É fazer com a alma.

Agora João está com suas competências ampliadas e todos notam, facilmente, suas seguintes qualidades:

- capacidade de decisão e realização;
- habilidade de exercer influência positiva em seus colaboradores;
- visão, imaginando cenários diferentes e definindo os melhores caminhos para seguir;

- iniciativa, com motivação;
- intuição para analisar situação por situação e assim poder antecipar as mudanças com mais facilidade;
- capacidade de cumprir metas;
- capacidade de assumir os riscos, criando um clima de confiança.

Sem contar que, após o diagnóstico realizado, João passou a conhecer as qualidades e as fraquezas dos processos da organização, dando-lhe mais amplitude empresarial.

João estava feliz, porque sentiu que conseguiu exercer influência em seus colaboradores para que o apoiassem no cumprimento dos objetivos da organização. Ele entendeu que pode ampliar esse relacionamento e gerar mais confiança se:

- delegar responsabilidades com coerência;
- valorizar um colaborador quando executa, com precisão e clareza, as suas responsabilidades;
- aprender junto com a equipe e, assim, criar uma sinergia e um compromisso no departamento;
- identificar e investir em treinamentos da sua equipe;
- realizar mapa de ideias, ou brainstorming, para escolher o melhor caminho, com o envolvimento de todos os envolvidos.

Assim, João viu que as pequenas ações de sua equipe, realizadas todos os dias, geravam grandes resultados, e isso motivava todos, porque estavam vendo resultados positivos constantemente. Os membros da equipe ficavam cada vez mais motivados, pois enxergavam o crescimento e visualizavam que podiam alcançar os objetivos da organização através das pequenas realizações que estavam realizando no dia a dia.

A qualidade começava a se impor no departamento que João estava liderando, pois todos viram que praticar a qualidade é atender as necessidades do cliente (interno ou externo), ou seja, entregar o que foi pedido, cumprir o prazo, ter preço justo, entregar quantidade certa etc. João estava "esperto" agora, pois viu na empresa que trabalhava anteriormente que a qualidade é essencial e fundamental para a sobrevivência da organização, e que ele precisa exercer suas atividades com excelência, inclusive para sua conservação no emprego.

O diretor da empresa que contratou João chamou-o para uma reunião, para dar um posicionamento de suas ações na organização:

— Sabe, venho observando-o e vi o seu contentamento na função em que foi estabelecido. Constatei que você está desenvolvendo suas atividades com muita maestria e não entendi por que foi dispensado na empresa anterior, como você tinha me dito.

— Sabe o que aconteceu? Eu não fui gestor no meu departamento, não fui proativo e também não sabia o que era liderar – afirmou João.

— É exatamente isso, João, sobre liderança e qualidade, que quero lhe expor minha satisfação com você. Espero que após meus comentários você não relaxe... continue fazendo cada vez melhor, pois vi em você, no papel de líder, alguns pontos importantes, e gostaria que nunca deixasse de fazer:

a. você se dedica à sua equipe;
b. você descobriu o desempenho máximo de cada colaborador, fundamentado nas qualidades ocultas de cada um do seu departamento;
c. você sempre está socorrendo sua equipe, seja nas dúvidas ou nos problemas pessoais, sem gerar resultado negativo à organização.

d. vejo também que você dedica mais tempo a eles do que a você mesmo.

— E quanto à qualidade, João, também observei sua preocupação em:

a. reduzir, no seu departamento, a exposição a riscos;
b. preocupar-se com a demonstração da qualidade dos serviços, para gerar motivação;
c. conscientizar todos quanto ao cumprimento dos requisitos contratuais, para honrar todos os prazos.

— Como você fez isso em pouco tempo?

João, então, começou a explicar:

— Primeiramente, fiz um diagnóstico de todos os setores que o nosso departamento atende, para poder conhecer mais rápido as necessidades de cada setor e as suas prioridades, para poder cumprir o ANS (Acordo de Nível de Serviço). Depois estabeleci um planejamento com minha equipe, para envolver os meus colaboradores, para que, assim, todos soubessem o que realmente precisam fazer no seu dia a dia. Então, realizei uma reunião, passei um desafio a todos, que foi um programa com cinco itens, para que eles não se esquecessem de como deveriam agir durante o dia de trabalho, e o chamei de:

Desafio = Eu me Importo!

1. Oferecer atendimento nota 10! Inovar e fazer diferente.
2. Falar com o cliente sempre com bom humor.
3. Dar sempre atenção para o cliente e decidir conforme os limites preestabelecidos.
4. Esforçar-se ao máximo para resolver os problemas.
5. Ser prestativo. Agir sempre! Não ficar só falando... E fazer acontecer.

João continuou a sua explicação:

— Obviamente, eu estava sempre à disposição, para orientar, ajudar e apoiar as decisões, sempre em conformidade com os objetivos da organização. Todos estavam ávidos por fazer dessa forma. Antes, ninguém tinha seus papéis definidos claramente, e quando dava um problema, não tinha um responsável claramente definido para providenciar a solução. Até haver um consenso de quem iria resolver, muitas horas e, em alguns casos, até dias se passavam. Esse foi um dos principais problemas que detectei no departamento.

João continua:

— Temos que trabalhar com a possibilidade de estimular o sonho em cada colaborador, para que não fique executando rotinas. Eu precisava criar caminhos para que, depois do sonho, eles pudessem saber decidir corretamente e agir para gerar resultados positivos ao nosso departamento e também para toda a organização. Passei um vídeo de motivação, que ajudou muito. Mas só o vídeo é pouco. Temos que dar os caminhos e deixá-los bem definidos.

O diretor resume:

— Sabe, João, o que você fez foi trabalhar a qualidade com melhoria contínua, tornando as atividades mais simples, rápidas e eficientes. Ao contrário, muitos pensam que precisam ter atividades sofisticadas e complexas, em seus departamentos, para serem eficientes e demonstrar que possuem alta capacidade intelectual. Assim, essa atitude, muitas vezes, torna a organização mais lenta, pesada ou complicada, deixando-a menos competitiva. Você, unindo três fatores importantes – liderança, conhecimento e gestão – conseguiu agregar muito para a organização. Parabéns. Com práticas simples, soube inovar!

— Obrigado. Que bom que o senhor está gostando. Vou informar a equipe do seu contentamento.

João percebeu que tudo isso só foi possível porque investiu em sua carreira, e pôde comprovar que a educação é fundamental para o seu crescimento diário. João pensou, após ter saído da sala do diretor:

"Afinal de contas, eu só identifiquei o que cada um sabe fazer e coloquei as pessoas certas no lugar certo. Depois, treinei cada equipe e mostrei como deve ser feito. Afinal, é preciso sonhar, decidir e principalmente agir. Todos do departamento queriam fazer tudo, e não conseguiam fazer nada. Vi que faltava planejar, pois falavam, falavam, e não faziam nada".

Exercício:

Neste capítulo, vimos a importância da qualidade e da liderança. As práticas que João utilizou no departamento só foram possíveis porque ele desenvolveu a qualidade humana em seus colaboradores.

Desenvolva objetivos e metas com as respostas das perguntas abaixo, e aja agora para aumentar a qualidade, o conhecimento e também a motivação na sua vida.

1. Como você desenvolveria a qualidade administrativa na sua organização ou na sua vida pessoal? – São ações que servem para reduzir custos e identificar as perdas de dinheiro.
2. Como você desenvolveria a qualidade em vendas na sua organização? – Ações para aumentar os resultados financeiros da organização e, com isso, ampliar o resultado de fazer caixa.
3. Como você ampliaria a qualidade humana em si mesmo?

O Homem é uma criação fantástica, mas, mesmo assim, alguns têm medo de mudar. As três questões acima representam um caminho para ajudar nessa mudança e gerar mais crescimento. Afinal, a educação é fator primordial para acelerar seu resultado. Até porque, a cada dia, vamos sendo melhores que no dia anterior. Não temos um chip instalado que, quando completarmos 10 anos de idade, insira um novo conteúdo, com 15 anos, mais uma atualização, 20 anos, mais um pouco, e assim vai nos capacitando para as novas atividades de cada dia. Temos que fazer isso naturalmente, e o planejamento é uma excelente dica para ajudar na construção do autoconhecimento e também na capacidade para decidirmos o que é certo ou errado em nossa vida.

CAPÍTULO 7

Característica 11: Seja realizador. Tenha seu planejamento pessoal

"O indivíduo não pode passar a vida inteira só sonhando; precisa agir".

— Nossa! Que tacada! Afirma João, em um jogo de tênis.

João está no clube, relaxando, em um jogo de tênis com um amigo que conheceu em um treinamento em São Paulo. Nesse evento, sentaram-se à mesma mesa, para almoçar, e houve uma sinergia muito grande, pois tiveram a mesma deficiência de gestão nas empresas em que trabalhavam. A diferença é que seu novo amigo acordou antes de ser mandado embora, e estudou muito, adquirindo novas práticas de trabalho, evitando a demissão. E, conversa vai e conversa vem... descobriram que trabalham em empresas não concorrentes, mas com uma dependência de tecnologia cada vez maior. Depois de muita conversa, eles passaram a se encontrar várias vezes, no clube, tanto para relaxa, em uma partida de tênis, como também para trocar informações de gestão.

Em uma das conversas de final de semana, João disse estar muito contente, pois ouviu de sua irmã que, na escola do seu filho, já estão explicando sobre planejamento pessoal aos alunos.

— É, veja que legal, estão falando de planejamento com os princípios que uso na organização: que precisa sonhar, decidir e depois agir através de sonho coletivo. O professor explica as três fases aos alunos, depois todos juntos definem um sonho da sala, para que possam executar durante os próximos meses. Um período curto, tipo quatro ou cinco meses, para que os alunos possam ver os resultados no mesmo ano.

— Poxa, que legal! Isso é essencial nos dias de hoje. Esses alunos terão mais facilidade quando atingirem idade para trabalhar, pois poderão ser profissionais diferentes, empreendedores. Saber decidir corretamente é fundamental.

— Sabe de uma coisa legal que fiz na empresa em que estou agora? Foi levar o conceito de planejamento para a vida pessoal de cada um dos colaboradores. Mostrei que planejar não é só para as organizações. E foi fácil, pois todos já tinham conceito de planejamento. Então, apenas conscientizei-os a utilizar para a vida pessoal – conta João.

— Que legal! Conte mais como foi o resultado.

Então, João explica:

— Primeiro, eles tinham, que acreditar em seus sonhos. Esse foi o primeiro desafio. Depois foi dizer-lhes que precisam fazer da mesma fora que já fazem na organização, colocar seus objetivos e metas por escrito. Mostrei-lhes um estudo realizado por Tommy Newberry nas universidades Yale e Harvard, nos Estados Unidos, que mostra que apenas 3% desses alunos tinham suas metas por escrito em suas vidas pessoais após o término dos estudos. Esses alunos tinham um resultado diferente de todos os outros, tanto na área pessoal, na familiar e na dos negócios, quanto na área espiritual. Apenas por ter objetivos e metas por escrito e com acompanhamento diário, conseguiam melhores resultados que todos os outros.

João continua explicando, enquanto seu amigo escuta entusiasmadamente:

— Depois, foi mostrar só que já fazemos planejamento em nossa vida, mas quando não estabelecemos objetivos por escrito e com acompanhamento diário, em muitas das vezes dá errado o que foi planejado, e não sabemos o porquê. Conversando com eles, percebi que poucos sabem o que realmente querem da vida. A maioria dos colaboradores com quem conversei, os seus objetivos eram:

1. trabalhar para pagar as infindáveis contas;
2. equilibrar o orçamento;
3. trabalhar para aposentar, e então "viver";
4. educar os meus filhos.

— Percebi que eles estão presos na armadilha de "ganhar a vida", e não projetar uma vida cheia de realizações, sucessos e alegrias. Sem contar aqueles que desistem dos seus sonhos no meio do caminho. Então, dei-lhes um exemplo bem próximo, porque muitos utilizam o dinheiro das férias até para pagar contas:

— Após seus 12 meses de trabalho, você terá as merecidas férias, com 30 dias para descansar e desfrutar um período em um lugar agradável, certo? Se você for casado e tiver filhos, está errado, pois tem que planejar com sua família quantos dias irá viajar e para onde deverão ir. Esse é o primeiro passo, depois precisa definir o que fazer, e que agrade os adultos e também as crianças. Se irão hospedar em casa ou hotel, se irão comer em restaurante ou cozinhar na casa (geralmente essa opção é descartada pela mulher).

— Mostrei vários conflitos, para deixar claro que é preciso planejar a viagem, para que seja de fato um descanso real. Assim, começamos a escrever no quadro um suposto plano, demonstrando a utilização de uma ferramenta simples e útil do *marketing* muito usada no planejamento, o "5W + 2H". Quando você estiver indeciso em alguma atividade ou não souber direito como executá-la, basta responder sete questões básicas:

5W	1- Who?	Quem?	Quem fará?
	2- What?	O que?	O que fará?
	3- Why?	Por quê?	Por que será feito?
	4-When?	Quando?	Quando será feito?
	5- Where?	Onde?	Onde será feito?
2H	6- How?	Como?	Como será feito?
	7- How much?	Quanto?	Quanto Custará?

— Na prática, seria assim a situação de férias da família, em que você irá examinar todas as possibilidades para ter um descanso estruturado:

Quem irá de férias conosco? Toda a família: pai, mãe e filhos. E a sogra? (Pergunta sua mulher.) Vai em outra oportunidade! (Você, mais do que depressa, responde.)

1. **O que** vamos fazer durante as férias? – Examinar as alternativas que possuem, baseando sempre em seus recursos financeiros.
2. **Por quê?** Por que devemos viajar?
3. **Quando?** Quando será a viagem? Quantos dias ficaremos fora?
4. **Onde?** Onde será o nosso passeio? Onde ficaremos?
5. **Como?** Como iremos? Carro, ônibus ou avião? – Se houver vários objetivos, deverão realizar conforme já orientado no **Capítulo 1 – Decidir. Estruture a sua escada da vida! (pág. 21).**
6. **Quanto?** Quanto podemos gastar durante todo o passeio?

— Todo mundo planeja o tempo todo, uns com mais maestria que os outros. É só prestar atenção: na sua viagem, quando parar em um restaurante no posto em uma rodovia, lembre-se de que o proprietário planejou muito para poder atender o consumo de água, de salgados que precisa deixar pronto, pães para os lanches, refrigerantes, doces etc., pois vários ônibus irão parar nas próximas horas. É necessária uma previsão de vendas para ter os produtos à disposição, ter pessoas para atender, para limpar, durante todo o dia, toda a noite ou todo o final de semana.

João, percebendo o entusiasmo do amigo, continua:

— Além de elaborar seus objetivos e metas dessas férias meses antes da viagem, você precisa também agir. Precisa agir já nos próximos dias, com várias metas. Por exemplo: alugar uma casa ou reservar um hotel, providenciar a revisão no carro, guardar dinheiro para a viagem etc. Essas ações precisam ser feitas muito antes do passeio, para que no dia da viagem tudo ocorra conforme seus planos e nada de errado aconteça. Assim você não irá culpar o planejamento.

João abre seu *notebook* e mostra a figura para o amigo:

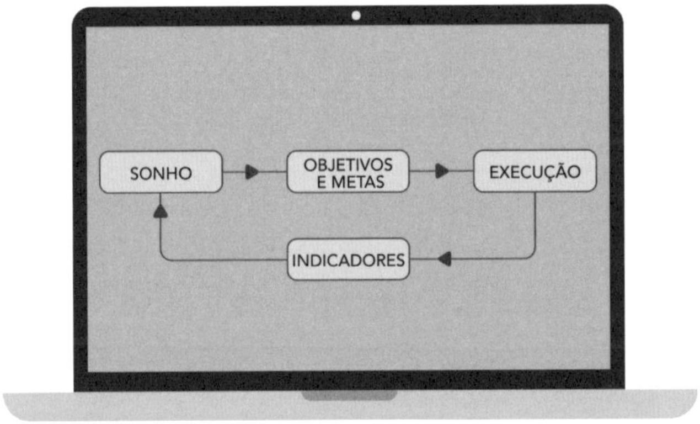

— Essa ilustração nos mostra que acompanhar os indicadores é um passo muito importante e que se deve ter em todo planejamento, assim você pode comparar o que foi planejado com o que está sendo executado. Você pode analisar se está no caminho certo ou dentro do prazo; mas, se os indicadores estiverem mostrando ao contrário, você terá tempo para modificar a sua execução e corrigir suas ações. Sem os indicadores, nunca saberemos se estamos nos aproximando ou não do nosso Sonho. Lembrando que esse acompanhamento dos indicadores acontece com o dono do restaurante da estrada, com você e as suas férias e com todos que planejam. Todos viram e sentiram que o planejamento servirá de motivação para não deixar que desistam dos seus sonhos.

— Então contei uma história, para fazer uma analogia e reforçar que o ato de acompanhar todo o processo, principalmente os indicadores, é uma atividade muito importante:

"Certa vez, um filho recém-formado em uma famosa universidade de administração herdou a empresa que seu pai construiu durante vários anos. Ele tinha uma sala ampla, refrigerada e confortável, com uma grande mesa, onde realizava as reuniões com todos os diretores e gerentes, sempre nessa mesma sala. Seu sonho era ampliar e fazer prosperar ainda mais a fábrica, com novos produtos.

Mas começou a receber informações cada vez mais negativas: volume de vendas diminuindo, atrasos nas entregas de vários clientes, capital de giro se esgotando, muitos funcionários afastados, por problemas de saúde etc. Ele, então, começou a aplicar todos os seus conhecimentos para solucionar tais problemas. E nada do que fazia dava resultado. Ligou para vários amigos de faculdade, explicou o que ocorria, e não conseguia reverter a decaída da empresa. Ligou até para um de seus professores, mas também não teve sucesso.

Cansado, esgotado com a situação e vendo a empresa prestes a falir, foi caminhando ao clube, para arejar sua cabeça para uma partida de tênis com seus amigos. No caminho, viu uma propaganda de um pai de santo, que dizia: 'Deixo a sogra mansa, faço ganhar na loteria e recupero todo tipo de empresa'. Bom, ao ler esse anúncio, ele riu e riu muito. E pensou: 'Será que ele tem conhecimento de verdade para recuperar uma empresa?'.

No dia seguinte, de volta à fábrica, começou a sentir que os problemas cada vez mais estavam se complicando. E ele se sentia impotente para solucionar a situação da empresa. Então, botou um boné, óculos escuros e um grande casaco e foi, todo disfarçado e envergonhado, ao tal pai de santo. Apavorado, sentiu ser a última opção.

— Pode entrar, meu filho! – Exclamou o Sr. Pedrão, o pai de santo.

Ele entrou e explicou tudo que estava acontecendo em sua fábrica. Então o pai de santo analisou a situação e falou:

— Já sei qual a solução, meu filho. Você desenhe a planta baixa da sua fábrica, com todos os departamentos, inclusive a sua sala, que vou fazer um amuleto da sorte para você.

Logo depois ele voltou, com um saquinho pendurado em um cordão, e disse, olhando para a planta da fábrica:

— Você deverá ir da sua sala para cada setor da fábrica, duas vezes ao dia, durante seis meses, sempre com o amuleto. Mas deve visitar todos os setores. E é só isso.

Ele não pôde acreditar em tal solução. Mas como todas as suas iniciativas não davam resultados, resolveu agir conforme acabara de ser orientado. Logo no primeiro dia, foi no estoque: viu tudo desordenado, sujo e sem controle algum. Então, logo orientou:

— Nossa! Vamos arrumar e ordenar tudo aqui. E mantenha tudo limpo, assim, quando lhe pedirem os itens, você achará com mais facilidade e rapidez. Veja esse item que você alegou não ter e estou vendo sete unidades. Organize tudo!

No outro dia, foi à produção. E não foi diferente: as máquinas estavam com vazamento de óleo, as ferramentas jogadas no chão. Então ele disse:

— É por isso que não conseguimos entregar no prazo... Vocês não estão cuidando das máquinas do setor. Vamos corrigir!

Assim, diariamente, ao percorrer sua fábrica, de um setor para o outro, junto com o amuleto, encontrava problemas que deveriam ser corrigidos. Ao final do sexto mês, voltou a encontrar o pai de santo e lhe disse:

— Esse amuleto é poderoso! O que tem dentro dele? Pois deu tudo certo. A minha fábrica voltou a conquistar os clientes, o gerente do banco parou de me ligar para cobrar, meu capital de giro está crescendo. Muito obrigado. Mas me diga o que tem dentro do amuleto.

Então o pai de santo disse:

— Somente sal, para ter um pequeno peso. Foi você mesmo que conseguiu esse resultado. Pois, quando ficava só na sua sala, não via e nem corrigia todos os problemas que ocorriam na sua fábrica. Parabéns!".

Com sentimento de alegria, o amigo do João fez um comentário a respeito da importância da história:

— Sabe, João, sobre a moral da história, podemos dizer que "é necessário acompanhar todos os detalhes do seu sonho, acompanhar o planejamento da empresa, acompanhar também se a execução dos objetivos e metas está ou não sendo realizada", assim teremos tempo para corrigi-las antes do prazo, se for necessário.

João complementou:

— Os indicadores também são fundamentais, porque ajuda o seu planejamento ter um acompanhamento, podendo até ser diário. Lembrando que, conforme os estudos realizados nas Universidades Harvard e Yale, os alunos que tinham planejamento com acompanhamento diário eram mais brilhantes em suas vidas. O importante foi mostrar que planejar é organizar a vida, e não agonizar. Se você não quer acompanhar diariamente, realize de dois em dois dias ou de três em três dias, mas é preciso fazê-lo.

João também falou sobre a importância das atividades do dia a dia:

— Em seguida, conversamos um pouco sobre a importância das atividades do dia a dia, que também são essenciais para os nossos resultados pessoais e profissionais. Então, mencionei alguns pontos, mais importantes, que devemos utilizar na execução dessas atividades:

a. **Ter a preocupação se aqueles que recebem a sua atividade estão satisfeito ou não.** — Raramente conseguimos enxergar os nossos próprios erros e sempre achamos que estamos executando com perfeição. Portanto, fazer uma pesquisa com o máximo possível de pessoas sobre o seu desempenho, é fundamental para que, a cada dia, você se aperfeiçoe mais.
b. **Procurar constantemente executar as atividades cada vez melhor.** — Para isso, é importante que a comunicação entre você e seus clientes seja cada vez mais afinada, para entender perfeitamente o que foi solicitado. Depois, explique tudo o que ouviu, para confirmar se o seu entendimento está alinhado com a solicitação. E quando você fizer isso, estará dando um feedback que entendeu tudo certinho e irá livrá-lo de sérios aborrecimentos no futuro. Assim, estará realizando, a cada dia, uma melhoria contínua na sua atividade.
c. **Ter o desejo de terminar tudo que começa.** — Imagine você fazendo uma proposta comercial, finaliza e envia para o cliente via e-mail. Depois não liga e nem vai ao cliente para fechar o negócio, achando que é o cliente que deve entrar em contato com você. Assim não estará terminando o processo de prospecção. E quando o seu

supervisor o questiona, você diz que fez tudo, mas o cliente não fechou. Será que fez tudo mesmo?

d. **Manter a ética e os valores no seu dia a dia.** — Estamos neste mundo com um propósito, e nessa execução precisamos nos relacionar com base em valores e na ética, para que o convívio seja verdadeiro e transmita integridade. Afinal de contas, é de suas ações que estamos falando, não é de sua mãe, de seu pai, de seu irmão ou de seu diretor. Por exemplo, não espalhe boatos, não fale mal das pessoas na ausência delas, não participe de confusões e fofocas, não suborne e nem participe de um, não utilize de práticas mentirosas nem para benefício próprio etc.

e. **Estar sempre de bem com a vida e controlar o estresse.** — Em casa, sempre digo: "Tem que fazer igual ao Vivi" (ursinho de pelúcia da minha filha), sorrindo o tempo todo, está sempre de bem com a vida. Não é fácil, mas quem sorri estimula o cérebro a liberar a endorfina e serotonina (substâncias responsáveis pela sensação de felicidade e prazer), que proporcionam sensação de leveza, descontração e bem-estar, ativando o sistema imunológico. E essa defesa ajuda a prevenir doenças originadas pelo estresse. Adquira e mantenha bons hábitos em sua vida. Como, por exemplo: fazer exercícios regularmente e sorrir muito.

— E, por último, falamos sobre prioridades, de uma forma de organizar o nosso tempo realizando um roteiro diário baseado em uma tabela, esclarecendo o grau das prioridades. Assim, teremos uma base para nos orientar e saber se devemos executar hoje, amanhã ou programar para os próximos dias.

PRIORIDADE

URGÊNCIA \ IMPACTO	Alto	Médio	Baixo
Alto	1	2	4
Médio	2	3	4
Baixo	3	4	5

PRIORIDADE
1- Muito Alta (Crítico)
2- Alta
3- Média
4- Baixa
5- Planejada

— Podemos utilizar essa tabela e analisar a execução das atividades cruzando as informações de URGÊNCIA X IMPACTO, da seguinte forma:

- Aquilo que vou executar tem **alta urgência e alto impacto?** Ou seja, se eu não realizar hoje, vou causar impacto em muita gente. Se sim, a opção escolhida deve ser a número 1, prioridade muito alta e que precisa ser feito o mais rápido possível.

Outro exemplo:

- A atividade a executar é de **urgência média e de médio impacto**. A opção será a número 3, prioridade média, pois, não vou impactar muitas pessoas e não é muito urgente a sua realização, podendo fazê-la dias depois.

— Assim, você vai escalonando de 1 a 5 as prioridades das execuções. Agora, se tiver mais de três atividades como prioridade muito alta, para serem realizadas no dia seguinte, é sinal de que está desorganizado ou sobrecarregado. Estruture o mais rápido possível ou peça apoio de mais pessoas, para ajudá-lo, explicando e demonstrando todas as prioridades que está executando no mesmo dia.

— Com relação à prioridade, existe uma história que ilustra muito bem esse item, e é fundamental para que suas execuções sejam feitas de forma racional, sem sacrifícios.

João conta a história:

"Certo profissional de uma organização recebeu, dias atrás, a tarefa de preparar os envelopes: documentação e proposta comercial, para participar de um pregão presencial que ocorrerá hoje, às 15 horas.

— *Léo. Não se esqueça! Pego os envelopes às 14 horas.*

— *Certo, chefe!*

Léo estava terminando de conferir uma planilha, para enviar, por e-mail, ao gerente financeiro, também conversava pelo *facebook* e via as inúmeras mensagens postadas. Logo em seguida, o telefone tocou. Era a sua mulher, pedindo para comprar alguns itens no supermercado. Depois de anotar a lista de compras, conferir a planilha e enviar ao gerente financeiro, ficou no *facebook*, curtindo alguns comentários, e em seguida saiu para o almoço, esquecendo-se de preparar os documentos para a participação no pregão. Léo retornou às 14 horas, com o seu gerente esperando, em sua mesa, para pegar os envelopes. Imagine o que aconteceu".

Sorrindo, seu amigo exclamou:

— Aliás, ele poderia ter preparado os envelopes dias antes, e não ter deixado tornar **prioridade crítica**. É comum identificar pessoas que não têm prioridades em seu dia a dia, e muito menos o hábito de planejar. Preferem sair fazendo as coisas sem direção, fazem um monte de coisas e não fazem nada, e depois de algum tempo percebem que deixaram de realizar algo muito importante, comprometendo todo o projeto.

Depois de muitas risadas, os dois amigos se despedem e vão para suas respectivas casas, pois o João havia começado a preparar, com sua família, uma viagem de férias.

Hoje João sabe que a essência do resultado na organização envolve as pessoas, a estratégia e a operação. Esses três pontos são a base para um ótimo plano de ação empresarial e precisam ser acompanhados o tempo todo, para:

- não haver surpresas desagradáveis;
- conhecer se todos os envolvidos no plano têm estrutura e habilidade para executá-la;
- não perder tempo;
- não aumentar os custos;
- não aumentar os riscos.

É preciso que a execução esteja "no sangue" dos envolvidos. Todos têm que ter a preocupação de executar tanto suas atividades diárias quanto as atividades do planejamento da empresa, de forma a contribuir para alcançar o objetivo. Muitas vezes, o que vemos é uma execução sem dedicação das ações da sua meta, para logo poder voltar às suas atividades do dia a dia.

E para evitar essa execução sem dedicação, João – líder responsável agora –, em suas reuniões de acompanhamento das execuções das metas, procura estimular perguntas dos envolvidos, suscita o debate das situações e constata se os responsáveis estão comprometidos, de forma efetiva, na busca dos resultados.

Quanto de dinheiro e de tempo é perdido por falta de planejamento e, sobretudo, no desenrolar do projeto? Muitas vezes, você planejou e confiou em seus colaboradores na execução de um projeto, e após quatro ou seis semanas, identifica que tudo não está conforme o planejado. Verifica muitas falhas e desculpas. Lembre-se: tem que planejar e confiar, mas é muito importante conferir todas as etapas dia a dia ou semanalmente.

Se conferir sempre, não terá momentos desagradáveis, ao constatar situações que podem prejudicar o seu departamento, evitando, assim:

- agir tardiamente;
- perder ou reduzir o capital da empresa;
- ter que corrigir erros;
- perder informações;
- etc.

A dica é: se você e sua equipe agirem sempre, principalmente dentro dos prazos, essa ação ajudará, e muito, na diferenciação em comparação aos concorrentes, e o tornará mais rápido na condução dos negócios. Aja, porque, na maioria das vezes, o maior desafio para as empresas é a falta da execução dentro do prazo. Se você agir com antecedência e conseguir que sua equipe faça o mesmo, poderá proteger sua carreira e conseguir resultados concretos.

Exercício:

Neste capítulo, João mostrou a importância do planejamento na vida pessoal e complementou essa prática com várias informações descritas acima. A ferramenta de planejamento foi mostrada no Capítulo 1 – Decidir. Estruture a sua escada da vida! (pág. 21).

Agora, quanto mais praticar, melhor!

Seguem alguns exercícios:

1. realize um planejamento escolar utilizando a ferramenta 5W + 2H;
2. planeje uma viagem de férias para outro estado utilizando a ferramenta 5W + 2H;
3. crie um outro planejamento conforme a sua necessidade.

Para aprimorar seu poder de decisão em suas atividades, conforme a tabela da página 75, defina as prioridades dos exemplos abaixo:

a. Uma escola ficou sem um professor, que, devido a um problema pessoal, deverá se ausentar por cinco dias. Esse professor leciona para 700 alunos, em dois períodos, na escola que tem um total de 840 alunos. É necessário substituí-lo por esse período curto?

b. É preciso consertar uma máquina que entrará, em 60 dias, em produção 24 horas por dia, e atualmente o impacto do funcionamento dessa máquina é zero, ou seja, ainda não causa nenhum impacto na organização o seu não funcionamento. Estima-se em sete dias o prazo para o conserto total. Que prioridade você programaria para consertá-la?

Respostas:

Exercício A = Prioridade muito alta. A urgência é alta, pois não podemos deixar os alunos sem essa disciplina; e também é alto o impacto, pois atinge 83% dos alunos da escola.

Exercício B = Prioridade baixa. Pode-se considerar média a urgência, porque ainda faltam 60 dias para iniciar as atividades com a referida máquina, e como esta ainda não está em produção, não há impacto.

Reforçando o mapa mental

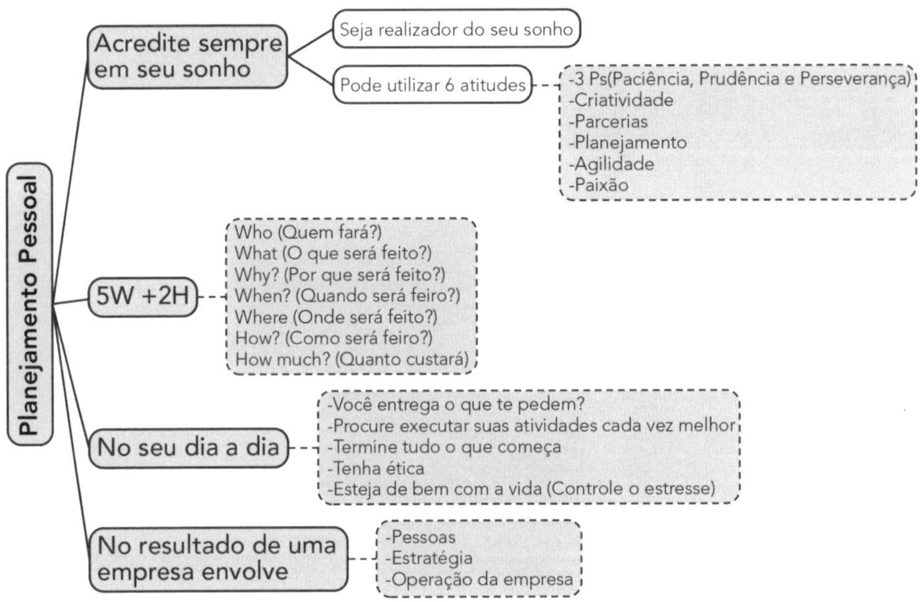

CAPÍTULO 8

Característica 12: Seja melhor a cada dia. Melhoria contínua pessoal

"Encante. Só depende da sua atitude".

Nesse momento, João estava em sua sala, na empresa, pensando em desenvolver um plano de melhoria contínua para os seus colaboradores. Ele achava que faltava algo a mais para a excelência do departamento, inclusive para poder ajudá-los a continuar crescendo também em suas vidas pessoais.

Ele sabe que não terá uma fórmula mágica que atinja todos, mas o importante é manter o desejo de sonhar e a capacidade de vislumbrar a possibilidade de alcançar esse sonho, para gerar uma energia que ocasione mais alegria, motivação e esperança no dia a dia dos colaboradores.

Com esses pensamentos, João afirma:

— Nossa! Como tem gente na empresa e também no meu departamento que patina na execução. Entende tudo que precisa ser feito, entende o planejamento, mas, na hora H, executar a atividade, que é bom, nada. Assim, primeiramente, vou criar um treinamento especifico, para mostrar a importância do agir, senão, nada dará certo.

João já estava confiante e contagiava todos na empresa. E com a prática das características empreendedoras que vinha estudando e com suas atitudes proativas, semeou confiança e respeito em todos. O diretor, então, mandou chamá-lo:

— João, gostaria de dizer-lhe que você, nesse pouco tempo em nossa empresa, não tem mais função em seu departamento.

Nesse momento, o diretor fez uma pausa, e João ficou assustado. O diretor continua:

— Você tem valor. Você está agregando muito e alavancou os resultados, devido a sua competência e seu conhecimento. Portanto, vou promovê-lo. Mas, para isso acontecer, gostaria que criasse um plano de melhoria contínua em nossa empresa, para todos os departamentos. Sei que você é capaz.

— Nossa! Levei um susto com o início da conversa. Fico feliz pelos elogios! O senhor não vai acreditar, mas já estava a pensar sobre isso. Aproveito agora para pedir, então, uma realocação de um colaborador, para que fique responsável pelo acompanhamento da melhoria contínua assim que a implantar.

— Ok! Combinado.

João saiu com mais um grande desafio, pois todos, inclusive o diretor, acreditam em suas ações. Estão esperando bastante dele. De fato, está gerando valor.

João pensou:

"Primeiro, vou realizar um treinamento com o tema: 'Vencedores por decisão!'. Assim resolvo o problema da falta de execução e posso mostrar que o pensamento positivo, somado com a execução das atividades do dia a dia, os ajudará muito em alcançar seus objetivos, tanto pessoais quanto profissionais. É mostrar que querer não é poder; querer é fazer!"

Então, João foi desenhando e escrevendo o passo a passo do programa:

— Todos, em seu dia a dia, devem se preocupar com cinco pontos importantes na execução de suas atividades e no relacionamento com seus colegas: (1) segurança, (2) demonstração do seu valor, (3) confiança, (4) conhecimento, (5) sedução.

1. Segurança
    a. **Na empresa**: todos os produtos ou serviços de uma empresa precisam gerar segurança em todos os seus colaboradores: na produção, no comercial, no *marketing*. Enfim, se todos acreditarem, os representantes comerciais terão mais respaldo em suas vendas na rua.
    b. **Na vida pessoal:** você precisa demonstrar que detém equilíbrio, no dia a dia, sendo estável em seu relacionamento. Não seja uma pessoa desequilibrada e inconstante em suas decisões. Há pessoas que se reúnem com sócios, decidem, e depois mudam de ideia e não dão nenhuma explicação. Além de perder tempo, geram desconfiança. Quem aguenta isso?!
2. Demonstração do seu valor
    a. **Na empresa:** procure sempre fazer 10% a mais do que lhe foi pedido. Surpreenda sempre seu cliente, seja ele interno ou externo.
    b. **Na vida pessoal:** demonstre, com suas atitudes, que você pode agregar, a cada dia, no seu meio, seja na empresa, na família ou na sociedade. Seja coerente e conhecedor das atividades em que atua ou vai atuar.
3. Confiança
    a. **Na empresa:** preocupe-se com a qualidade do pós-venda de seus produtos ou serviços. Procure ter uma infraestrutura que suporte um excelente atendimento na assistência ao seu cliente. O cliente satisfeito será fiel à sua marca.
    b. **Na vida pessoal:** na sua conduta diária, seja ético, escolhendo sempre o bem, e nunca o mal. Seja assim com sua família, na internet, na política, com desconhecidos, amigos, enfim, transmita essa confiança em todos os seus relacionamentos.
4. Conhecimento sobre o assunto
    a. **Na empresa:** procure conhecer todos os processos da empresa, saiba o porquê da sua atividade, entenda-a e procure se aprimorar, principalmente para reduzir o tempo de execução.
    b. Na vida pessoal: buscar a excelência é fundamental para que consiga realizar seus sonhos. Portanto, estude, estude e estude muito. Não pare, não se acomode e procure sempre novos conhecimentos.
5. Sedução
    a. **Na empresa:** tanto você quanto seus colaboradores e toda a empresa devem oferecer um atendimento de coração aos clientes. Encante-os constantemente. Dê um show!
    b. **Na vida pessoal:** seja cortês e se relacione com respeito. Crie, no seu dia a dia, momentos de encantamento nas pessoas com quem está convivendo e surpreenda-as. Exemplo: um elogio, um convite para um café, uma carona etc.

João adotou o ciclo PDCA: Planejar, Executar, Checar os resultados e Atuar para corrigir as distorções.

O ciclo PDCA é uma ferramenta de qualidade muito usada nas organizações e já está na consciência de muitos colaboradores. Então, aplicá-las na vida pessoal não será uma tarefa difícil. PDCA é um ciclo descomplicado e eficaz desenvolvido pelo Dr. W. Edward Deming – engenheiro e estatístico –, e o grande desafio é fazer o ciclo funcionar continuamente para ajudar a alcançar os objetivos tanto da organização quanto no planejamento pessoal.

A primeira fase desse ciclo é Planejar – em inglês, to plan. Planejamento é o começo de tudo, é pensar antes de sair fazendo. É colocar no papel o que se pretende alcançar, e é nesse momento que você deverá estabelecer os objetivos e as metas. Aqui você decide também se desiste do projeto ou continua a todo vapor.

A segunda fase do ciclo é Fazer – em inglês, *to do*. Depois que definiu o que fazer, deverá iniciar a execução do que foi planejado. Não deixe para amanhã se pode iniciar hoje. Não fique adiando se já definiu o que quer. Aqui, dois cuidados são importantes:

a. Educar e treinar: se houver necessidade, treine os colaboradores para a execução da atividade. Em caso do planejamento pessoal, pergunte-se: "Eu sei realizar essa atividade?". Caso não, estude.
b. Exemplificar: você pode executar uma quantidade mínima para amostragem aos executores.

A terceira fase do ciclo é Checar – em inglês, *to check*. Nesse ponto, você verifica se está fazendo tudo certo para alcançar o objetivo planejado. Na organização, é checar, junto aos clientes, se os resultados das tarefas executadas estão alinhados com o previsto. Agora, no PDCA pessoal, deverá checar a mesma coisa: "Estou fazendo certo e dentro do prazo".

A última fase do ciclo é Agir – em inglês, *to act*. Depois que você checou, deve corrigir eventuais falhas imediatamente. Ou seja, caso algo esteja fora do planejado, você deverá agir corretivamente, atacando as causas, para corrigir e prevenir o surgimento de novas falhas.

O grande segredo do PDCA é agir no sentido de corrigir e melhorar continuamente o seu planejamento, seja na organização, seja na sua vida pessoal.

Vamos entender o ciclo do PDCA na prática, fazendo uma analogia. Obseve o barquinho no desenho abaixo:

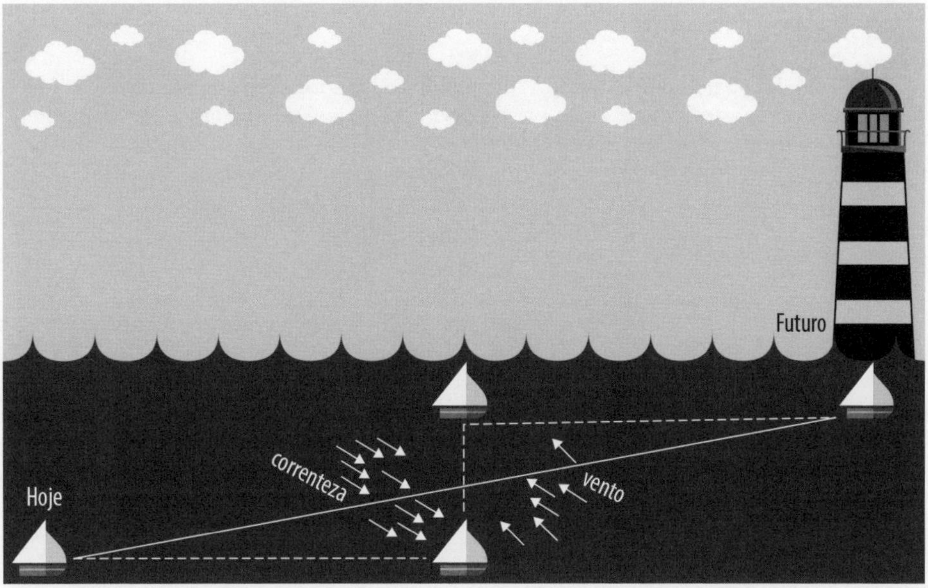

Veja que o capitão do barco tem um objetivo, que é atracar no farol. Então, para que esse objetivo seja alcançado no tempo planejado, o capitão **planejou** e desenvolveu um objetivo, que é chegar em "x" dias, mantendo a rota em linha reta, conforme demonstrado no desenho. Em seguida, o capitão começou a fazer o que foi planejado. Ligou o barco, iniciou a navegação para atracar no farol, com todos os cuidados que uma navegação exige, olhando tudo que acontece ao redor. Mas manter esse objetivo está sendo uma tarefa árdua, devido a situações inesperadas: ventos fortes, chuva, rochas submersas e a força da correnteza, que estão desviando, ora para esquerda, ora para a direita, o rumo do barco. O Capitão não pode soltar o timão e precisa checar, o tempo todo, se o barco está navegando conforme o planejado. Caso contrário, deverá traçar novas ações e fazer ajustes, para corrigir a rota do barco. Então, o capitão precisa agir imediatamente, na hora em que as coisas acontecem, para corrigir eventuais irregularidades. Precisa olhar a previsão do tempo, o vento, a maré, a chuva... Assim o capitão ajusta e vê o resultado, para, então, poder **agir** corretamente e aumentar as chances de alcançar o objetivo dentro do prazo estipulado.

João gostou de escrever o tópico do PDCA para o treinamento. Ficou de uma forma fácil de entender e aplicar. Inclusive, podendo ser integrado com o método SoDA, para ajudar na execução. Em seguida, exclamou a um colaborador que estava próximo, demonstrando o método:

— Viu! Executar o PDCA não é tão complicado assim, e podemos também fazer para a nossa vida pessoal. Que tal seguir o exemplo e fazer um PDCA Pessoal apenas de um objetivo particular? Agora, preste atenção! No nosso projeto de melhoria, vou implementar mais esse conceito.

Atencioso, o colaborador continua escutando.

— Vou levar todo esse conhecimento visto até agora para o treinamento e pedir uma dose a mais de vontade a todos. Vou pedir que comecem a executar maravilhas de transformações em suas vidas, fazendo, por exemplo, apenas 1% a mais por dia. Parece pouco, mas não é!

João continua.

— Criei um broche. Assim, os setores que forem recebendo o treinamento começam a utilizá-lo, para demonstrar que já estão participando do projeto. O broche, automaticamente, não os deixa esquecer as responsabilidades.

— Por exemplo, se você não tem o hábito da leitura, mas pretende criá-lo, comece lendo apenas cinco folhas de um livro por dia. No final de um ano, terá lido 1.825 folhas. Sem se cansar, sem se chatear com a leitura. E haverá dias em que você lerá mais que cinco folhas, sem perceber, e, isso resultará em, aproximadamente, nove livros de 200 folhas por ano. Seja sincero: você, no ano passado, leu nove livros?

— No ano seguinte, você poderá aumentar esse hábito em mais um pouquinho. Atenção! Não precisa ficar fazendo contas para saber o quanto é 1% disso ou daquilo para você executar. O 1% é apenas um estímulo, para mostrar que de pouco em pouco se realiza bastante ao longo do ano.

— Além da leitura, você pode melhorar aquilo que lhe dá mais prazer, executando apenas mais 1%. Por exemplo: nos estudos, na dedicação à família, na igreja, com os amigos, no esporte, na saúde etc. Enfim, de pouquinho em pouquinho você se tornará uma pessoa melhor e mais eficaz.

João deu uma sacudida no colaborador que o ouvia, para deixa-lo mais estimulado. Em seguida, continuou.

— Seja, a partir de agora, uma pessoa global, que fica em constante movimento. Que se preocupa em ser melhor a cada dia, porque estuda, lê, faz novos amigos, aprende um novo esporte, enfim, está o tempo todo querendo ser e fazer melhor. E por falar em constante movimento, vou sugerir que você adote também um costume oriental, que é o *KataShikata* **– a continuidade do movimento**. Você pode adotar o *KataShikata* na organização e também na sua vida.

João se lembra:

"Ah! Se eu tivesse essa cultura de *KataShikata*, poderia ter utilizado na empresa anterior, principalmente nas mudanças que realizei. Tudo poderia ser diferente se tivesse me preocupado com a continuidade dos movimentos, por exemplo, de todos os processos, na mudança do servidor de *e-mail* ou na troca do provedor de *link* de internet; se tivesse aplicado o *KataShikata* e checado os resultados com os envolvidos, poderia ter evitado muitos descontentamentos com o meu trabalho. Eu precisava comprovar se os movimentos que fiz foram satisfatórios e se geraram a possibilidade da continuidade, ou seja, se as mudanças melhoraram o dia a dia dos meus clientes sem gerar dificuldades. Essas ações realizadas precisavam dar resultados positivos nos departamentos, caso contrário, poderia identificar possíveis problemas mais cedo. Mas, como nunca é tarde, fico feliz de estar utilizando agora.

"Aqui na empresa, vou sugerir para toda a organização, durante o treinamento de melhoria contínua, procurar sempre preocupar-se com a continuidade do movimento. Por exemplo: comprar a matéria-prima com qualidade, para gerar uma continuidade de movimento na produção. Então, a produção, com uma boa matéria-prima, desenvolverá excelentes produtos, para que haja uma distribuição satisfatória. É preciso continuar esse movimento até o pagamento final do cliente. O mais importante é a preocupação de um setor satisfazer o outro, em todas as etapas, gerando, assim, a tal continuidade do movimento. Ou seja, desde a etapa inicial, devemos nos preocupar em entregar resultados excelentes ao próximo, para gerar excelência total, até a satisfação final do cliente. Esse é o maior pagamento. Parece básico, mas vi muitos setores empurrarem o serviço para o outro departamento, de forma irregular, gerando retorno do serviço e ocasionando perda de tempo.

"Exija de você estar sempre em continua transformação, através da continuidade dos movimentos, para ter uma forma diferente de executar as coisas, pensando e planejando antes de simplesmente sair fazendo. Assim, estará buscando resultados positivos hoje, para que tenha reconhecimento futuro".

Agora, é com você! Dê um passo a cada dia, e no final do ano terá realizado várias etapas importantes na busca de seus objetivos. Não existe resultado fácil. Mas, como já sabemos, mais importante do que o método é colocá-lo em prática já.

Exercício:

Realize essas perguntas com seus colaboradores. Veja se eles repassam as informações colhidas dos clientes para os coordenadores, que podem criar atitudes e solucionar um possível problema ou desenvolver novos produtos ou serviços, satisfazendo assim a necessidade do cliente:

1. Quando você interage com o cliente, procura identificar informações sobre possíveis necessidades dele?
2. Quanto você tem se esforçado para ajudar nossos clientes a prosperar em suas atividades através do nosso serviço?
3. Por que estamos com problemas de atendimento no período da manhã? (Se esse for o seu caso.)
4. Por que estamos diminuindo o nosso volume de vendas?

Elabore outras questões, conforme o ambiente da sua empresa, e procure garantir a sobrevivência do seu departamento e da empresa em que trabalha. Participe e aja, porque você é parte interessada.

Para sua vida pessoal:

1. O que eu preciso executar para que aconteça ________?
2. Como aumentar minha percepção no entendimento das dificuldades alheias?
3. Como entender a necessidade da mudança, se esta for para melhor?
4. Como focar meus esforços, no sentido da execução, para ajudar os outros?
5. Essas perguntas são alguns exemplos do que você pode fazer, a partir de suas respostas, para ajudá-lo e também para ajudar os outros na solução dos seus problemas. Mas faça outras, de acordo com a sua realidade. Lembre-se de que você e sua empresa precisam melhorar constantemente, para evitar que fiquem ultrapassados.

Uma última mensagem

Este livro não foi escrito apenas para inspirá-lo com algumas histórias ou incentivá-lo a utilizar algumas informações interessantes apenas uma vez ou outra. Este livro foi idealizado para apoiar o seu crescimento na busca de uma qualidade de vida que você merece. Contudo, é preciso estar alerta, crescer todos os dias e buscar um aperfeiçoamento com as características empreendedoras, para utilizá-las no dia a dia. Assim, sei que, neste momento, você já é conhecedor do seu sonho, e desejo que tenha o compromisso de ser feliz durante toda a execução do seu planejamento.

Não espere, para ser feliz, somente quando alcançar os seus objetivos e então festejar. No momento em que seu time está ganhando, aproveite e aperfeiçoe! É nos momentos bons da sua vida o ideal para investir em você mesmo, tornar-se mais corajoso, mais competitivo, fazer novas escolhas, dominar novas tecnologias etc. Dessa forma, acreditando e investindo, você terá um futuro promissor, porque o futuro você faz hoje, no presente, com suas ações. E o mais importante: é você quem decide se terá um futuro melhor.

Nunca se esqueça: faça chuva ou faça sol, todos os dias, dê sempre um passo em busca de seus objetivos. A cada dia, faça um pouquinho (1%), e se surpreenderá no fim do ano.

Lembre-se: aja agora, porque você merece conquistar momentos de pura alegria nesta vida magnífica de ser vivida!

Escreva-me e conte-me a sua história de sucesso.

Um forte abraço.

Zailton Miranda

falecom@zailton.com.br

BIBLIOGRAFIA

BARROS Filho, Clóvis de; Meucci, Arthur. O executivo e o martelo: reflexões fora da caixa sobre ética nos negócios. São Paulo: HSM Editora, 2013.

BOCK, A. M. B. Psicologias: Uma introdução ao estudo de Psicologia. São Paulo: Saraiva, 1999.

BOSSIDY, L. & CHARAN, R. EXECUÇÃO: A disciplina para atingir resultados. Rio de Janeiro: Elsevier, 2005.

CASTRO, Alfredo Pires de; MCSILL, James. Storytelling para resultados: Como usar estórias no ambiente empresarial. Rio de Janeiro: Qualitymark Editora, 2013.

CHARAN, Ram. Crescimento e Lucro: as 10 ferramentas para sua empresa começar a mudar amanhã mesmo. Rio de Janeiro: Elsevier, 2004.

COLLINS, Jim. Empresas feitas para vencer. Rio de Janeiro: Campus, 2001.

CONE, Steve. Roube estas ideias: Segredos de marketing que profissionais guardam para si. São Paulo: M.Books, 2007.

CORTELLA, M. S. Qual é a tua obra: inquietações propositivas sobre gestão, liderança e ética. Petrópolis: Vozes, 2009.

CORTELLA, M. S. Pensar bem nos faz bem! Família, carreira, convivência e ética. Petrópolis: Vozes, 2013.

COVEY, Steph R. Os sete hábitos das pessoas altamente eficazes. Rio de Janeiro: Best Seller, 2005.

FALCONI, Vicenti. O verdadeiro poder. Nova Lima: INDG Tecnologia e serviços Ltda, 2009.

FALCONI, Vicenti. Gerenciamento pelas diretrizes. Nova Lima: INDG Tecnologia e serviços Ltda, 2004.

FIALHO, F. A; MONTIBELLER, G. F. & MITIDIERI, T. C. Empreendedorismo na era do conhecimento. Florianópolis: Visual Books, 2007.

FRIGA, Paul N. The Mckinseyengagement; a powerfull toolkit for more eficiente &effectiveteamproblemsolving. New York: McGrall Hill, 2008.

FREIRE, P. Pedagogia da autonomia: Saberes necessários a prática educativa. São Paulo: Paz e terra, 2011.

GALLO, S. Ética e cidadania: caminhos da filosofia. Campinas: Papirus, 2003.

GIL, A. C. Métodos e técnicas de pesquisa social. São Paulo: Atlas, 2006.

GOMEZ, T. A. M.P. [et al.] TI Mudar e inovar. Brasília, Senac DF, 2010.

KIM, W. Cham. A estratégia do oceano azul: como criar novos mercados e tornar a concorrência irrelevante. Rio de Janeiro: Elsevier, 2005.

LEPOTRE, J.; VAN DEN BERGHE, W.; TILLEUIL, O.& CRIJNS, H. A new approach to testing the effects of entrepreneurship education among secondary school pupils [Working Paper Series 2010/01]. VlerickLeuven Gent Management School, 2010.

MARINOFF, Lou. Pergunte a Platão. Rio de Janeiro: Record, 2009.

MCSILL, James. Cinco lições de storytelling: fatos, ficção e fantasia. São Paulo: DVS Editora, 2013.

MAXWELL, John C. Líder 3600: como desenvolver seu poder de influência a partir de qualquer ponto da estrutura corporativa. Rio de Janeiro: Thomas Nelson Brasil, 2007.

NELSON, D.& COOPER, C. Positive organizationalbehavior. London: Sage, 2007.

NEWBERRY, Tommy. Sucesso não é acidente. São Paulo: Mundo cristão, 2008.

NEWMAN, F.; HOSZMAN, L. Lev Vygotsky cientista revolucionário. São Paulo: Loyola, 2002.

PAROLIN, I. C. H. Aprendendo a incluir e incluindo para aprender. São José dos Campos: Pulso Editorial, 2006.

PERCY, Allan. Nietzsche para estressados. Rio de Janeiro: Sextante, 2011.

PEREYRA, E.; CAMPOS, A.; BRUTTI, J. A.; BARTH, J & GONÇALVES, L. P. F. O Comportamento Empreendedor como Princípio para o Desenvolvimento Social e Econômico. Metodologia CEFE. Editora Sulina: Porto Alegre – RS, 2003.

PORTER, Michel. Estratégia competitiva. Rio de Janeiro: Elsevier, 2004.

REGO, Arménio. Liderança Positiva. Lisboa: Edições Silabo, 2010.

REIS, Marcelo. Até que enfim é segunda-feira: como gerar motivação de alto impacto para realizar grandes objetivos. Rio de Janeiro: Instituto Impredere, 2012.

ROBBINS, Anthony. Poder sem limites: o caminho do sucesso pessoal pela programação neolinguística. Rio de Janeiro:BestSeller, 2013.

ROBBINS, Anthony. Desperte o gigante interior. Rio de Janeiro: Record, 1993.

SANT'ANNA, Anderson de Souza; KILIMNIK, Zélia. Qualidade de vida no trabalho: abordagem e fundamentos. Rio de Janeiro: Campus-Elsevier, 2011.

SEELIG, Tina Lynn. Se eu soubesse aos 20: Um curso rápido e eficaz para você potencializar seus talentos e definir seu lugar no mundo. São Paulo: Editora da Boa Prosa, 2011.

SEELIG, Tina Lynn. Ingenium: um curso rápido e eficaz sobre criatividade. São Paulo: Editora da Boa Prosa, 2012.

SIMMEL, Georg. Schopenhauer&Nietzche. Rio de Janeiro: Contraponto, 2011.

SHINYASHIKI, R. Os Donos do futuro, São Paulo: Editora Gente, 2001.

SHINYASHIKI, R. Problemas? Oba! A revolução para você vencer no mundo dos negócios. São Paulo: Editora Gente, 2011.

STOLTZ, Paul G. As vantagens da adversidade. São Paulo:WMF Martins Fontes, 2008.

VON GRAEVENITZ, G.; HARHOFF, D.& WEBER, R. The effectsofentrepreneurshipeducation. JournalofEconomicBehaviorandOrganization, vol.76, 90-112, 2010.

VYGOTSKY, Lev S. Imaginação e criação na infância. São Paulo: Ática, 2009.

WHITTINGTON, R. O que é estratégia. São Paulo: ThonsonLearnig, 2006.

Tipografia | Avenir LT Std , Bitter e Scribble Box.

Papel | **Capa:** Duo Design 250g/m^2 **Miolo:** offset 90g/m^2

Formato: 16,5 x 24,0 cm

Impressão | Gráfica Brasil